V&R

Katrin Germonprez

Erlebnispädagogik und Schule

Vielfalt erleben

Vandenhoeck & Ruprecht

Mit 15 Abbildungen

Bibliografische Information der Deutschen Nationalbibliothek

Die Deutsche Nationalbibliothek verzeichnet diese Publikation in der
Deutschen Nationalbibliografie; detaillierte bibliografische Daten sind
im Internet über http://dnb.d-nb.de abrufbar.

ISBN 978-3-525-70239-0

Weitere Ausgaben und Online-Angebote sind erhältlich unter: www.v-r.de

Umschlagabbildung: © BillionPhotos.com – Fotolia

S. 19/116: Oliver Klee, http://www.spielereader.org

S. 22/26 f./81/85 f./119–122/124: Bildungsteam Berlin-Brandenburg e. V.,
http://diversity.bildungsteam.de/diversity

S. 28/37/115/117/128/129 aus: Reiners, Annette: Praktische Erlebnispädagogik 2.
Neue Sammlung handlungsorientierter Übungen für Seminar und Training,
2. überarbeitete Auflage Augsburg 2007: ZIEL-Verlag
(http://www.ziel-verlag.de/erlebnispaedagogik/praktischeerlebnispaedagogik2)

© 2018, Vandenhoeck & Ruprecht GmbH & Co. KG, Theaterstraße 13, D-37073 Göttingen
www.vandenhoeck-ruprecht-verlage.com
Alle Rechte vorbehalten. Das Werk und seine Teile sind urheberrechtlich
geschützt. Jede Verwertung in anderen als den gesetzlich zugelassenen Fällen
bedarf der vorherigen schriftlichen Einwilligung des Verlages.
Printed in Germany.

Satz: SchwabScantechnik, Göttingen
Druck und Bindung: ⊕ Hubert & Co. GmbH & Co. KG BuchPartner,
Robert-Bosch-Breite 6, D-37079 Göttingen

Gedruckt auf alterungsbeständigem Papier.

Inhalt

1	**Erlebnispädagogik – Eine Einleitung**	**7**
1.1	Was ist ein Erlebnis?	9
1.2	Theorien der Erlebnispädagogik	12
	1.2.1 Systematisierung der Erlebnispädagogik	14
	1.2.2 Erlebnispädagogik als Verfahren – *Tree of Science*	14
1.3	Mit Kopf, Herz und Hand	16
1.4	Einstiege – Wie breche ich das Eis?	19
1.5	Wir lernen uns kennen	23
2	**Bedarfsanalyse**	**31**
2.1	Vom Bedarf	33
2.2	… zu gemeinsamen Zielen	38
2.3	Lernbegleiterin: Die Emotion	40
2.4	Der Lernzyklus	42
3	**Werte und Vielfalt erleben**	**45**
4	**Erlebnispädagogik und Schule – eine Frage der Rolle?!**	**51**
4.1	Grundbegriff: Sozialisation	53
4.2	Warum Schulen?	55
4.3	Funktionen von Schule	56
	4.3.1 Qualifizierungsfunktion	57
	4.3.2 Selektionsfunktion	58
	4.3.3 Integrationsfunktion	60
4.4	Erlebnispädagogik und die Funktionen von Schule	63
4.5	Eine neue LehrerIn-Rolle?	65
4.6	Knackpunkt: Freiwilligkeit	68

5 Aktionsphase ... 71
- 5.1 Und wie sieht Ihr Projekt aus? ... 73
- 5.2 Komfort- und Lernzonen ... 74
- 5.3 Falls Ihr Thema Vielfalt ist ... 79
  - 5.3.1 Vorurteile und Diskriminierung – Anti-Bias-Ansatz ... 80
  - 5.3.2 Doing Pupil ... 86
- 5.4 Projektbeispiel – SchülerInnen-Zeitung ... 93

6 Reflexion und Auswertung ... 97
- 6.1 Die Reflexionsschleife ... 99
- 6.2 Curriculum-Development-Modell ... 102
- 6.3 Gruppenphasen ... 103
- 6.4 Feedback ... 104
- 6.5 Vielfältige Reflexionsmethoden ... 107
- 6.6 Also Tschüss! ... 109

7 Methoden, Methoden, Methoden ... 113
- 7.1 Kennenlernen ... 115
- 7.2 Vielfalt erleben ... 118
- 7.3 Problemlöseaufgaben ... 126
- 7.4 Feedback und Reflexionsmethoden ... 130

8 Falls Sie noch nicht genug haben ... 135
- 8.1 Lernen und Motivation ... 137
- 8.2 Lernen ist Begriffsbildung ... 140

Literatur ... 143

1 Erlebnispädagogik – Eine Einleitung

> Do the best you can until you know better.
> Then when you know better, do better.
> Maya Angelou, http://pioneerthinking.com/
> do-the-best-you-can-maya-angelou, 13.6.2017

1.1 Was ist ein Erlebnis?

Warum ein erlebnispädagogisches Fachbuch speziell für den Alltag in der Schule? Warum reicht es nicht »einfach«, »erlebnispädagogische Methoden« in den »Alltag« einfließen zu lassen? Schon die vielen Anführungszeichen mögen ein Hinweis darauf sein: Vielleicht ist es einfach nicht so einfach.

Keine Methode wird für sich und quasi von allein grundlegenden Einfluss auf den Prozess nehmen, der initiiert werden soll. Vielmehr muss ich, als die Person, welche die Methoden einsetzt, eine Idee und eine Vorstellung davon entwickeln, was ich erreichen möchte. Bevor ich nicht ein klares Ziel vor Augen habe, bleibt der Einsatz jeglicher Methode an der Oberfläche. Aus diesem Grund habe ich dieses Buch nicht als »Rezeptbuch« konzipiert, aus dem nur die notwendigen Zutaten entnommen werden müssen. Das ist nicht möglich. Im Gegenteil, eventuell werden Ihre Reflexionen über den Alltag in der Schule und die von mir aufgezeigten Möglichkeiten und Grenzen von Erlebnispädagogik grundlegende Veränderungen zur Folge haben. Und genau dies ist auch meine Intention. Sie halten kein Buch in den Händen, mit dem Sie »Ihre Klasse zum Funktionieren bringen werden« oder »soziale Kompetenzen mit einem Spiel fördern«. Obwohl dieses Versprechen im Rahmen von erlebnispädagogischen Programmen und Anbietern allgegenwärtig erscheint – meiner Erfahrung nach bleibt es oftmals (und zum Glück) bei diesem Versprechen.

Lassen Sie uns etwas gemeinsam versuchen: Denken Sie an die letzten Tage oder Wochen, vielleicht möchten Sie in die letzten Jahre zurückschauen. Was war ein wichtiges, einschneidendes, besonderes Erlebnis? Was haben Sie während oder durch dieses Erlebnis gelernt? Vielleicht nehmen Sie sich fünf Minuten, vielleicht eine ganze Stunde Zeit, um diese Frage zu beantworten. Das ist Ihnen überlassen, aber nehmen Sie sich die Zeit!

Was macht das Erlebnis aus, an welches Sie sich erinnert haben? War es intensiv, dramatisch, emotional? Schön? Wahrscheinlich ragte es auf irgendeine Weise aus Ihrem Alltag heraus. Es hat etwas Wesentliches in Ihrem Leben, in Ihnen verändert. Sie haben wichtige Erkenntnisse daraus abgeleitet, vielleicht Erkenntnisse, die bis heute wirken.

Sind Sie über die leere Seite gestolpert? Sehr gut. Ich habe sie frei gelassen, um Ihnen die Möglichkeit zu geben, Ihre Antworten auf die Frage festzuhalten. Weil ich davon ausgehe, dass Sie eventuell entschieden haben, die Frage nicht zu beantworten. Sondern einfach weiterlesen. Fühlen Sie sich von dieser (zugegeben anmaßenden) Aussage provoziert oder löst meine Annahme Widerstand aus? Umso besser. Dann haben wir bereits den Grundstein für eine erfolgreiche Zusammenarbeit gelegt. Sollten Sie tatsächlich einfach weitergelesen haben, überlegen Sie, warum. Und vielleicht haben Sie ja doch noch Lust, die Frage zu beantworten.

Denn die Antworten bieten bereits grundlegende Erklärungen dafür, wie Erlebnispädagogik wirkt und wirken kann. Und wir haben uns einem wesentlichen Punkt angenähert: Was macht ein Erlebnis aus? Schott (2003) bemüht sich um eine Klärung der Begriffe Erlebnis, Erleben und Leben.

> Schon bei der Klärung des Erlebnisbegriffs gewinnt man schnell den Eindruck, als zöge das Lösen eines Problems sofort ein anderes Problem nach sich, als sei der Erlebnisbegriff eine Hydra, der mit jedem abgeschlagenen Kopf sofort zwei neue nachwachsen. Insofern handelt es sich um Überlegungen, die dazu anregen sollen, sich kritisch mit dem Erlebnis und Erlebnispädagogik auseinanderzusetzen.
>
> Schott 2003, S. 15 f.

Für Schott ist das Erlebnis eine momentane Ergriffenheit, in welcher Denken, Fühlen und Wollen eins werden. Es findet eine Auflösung der Zeit statt, und es entsteht ein hohes Maß an individueller Betroffenheit. Vergleichbar ist seine phänomenologische Analyse mit dem (psychologischen) Konzept des Flows von Csíkszentmihályi (1995). Schott entwickelt den Begriff des »Erlebnis« als einen der Grundbegriffe der Pädagogik. Er sei eng verknüpft mit Lernen, Bildung und Erziehung. Die Pädagogik bedarf des Erlebens, d.h. Lernen, Erziehung und Bildung beruhen auf Erlebensprozessen. Erleben wird in diesem Sinne häufig mit Wahrnehmung verknüpft. Lernen, Erziehung und Bildung können jedoch ohne Erlebnisse stattfinden, Erlebnis ist keine Voraussetzung. Das Potenzial des Erlebnisses ist für Schott die Aufhebung der Kluft zwischen Lerninhalt und Lernenden, zwischen Objekt und Subjekt. Lehr- und Lerninhalte werden nicht nur aufgenommen, sondern angenommen, sie werden zum Teil des Selbst, setzen sich fest, wirken. Allerdings stellt auch er fest, dass gerade wegen des Missbrauchs erlebnisbetonten Lernens während des Nationalsozialismus eine Notwendigkeit der pädagogischen Einbettung besteht. Außerdem gibt er zu bedenken, dass Erlebnisse sich nicht zwingend einstellen.

Die Frage nach Rahmenbedingungen, die Erlebnisse begünstigen, ist noch zu beantworten. Es gilt,

> daß man der zentralen, bildungswirksamen Eigenschaft des Erlebnisses, nämlich zur Ergriffenheit bzw. zu nachhaltigen und weitreichenden Einstellungs- und Haltungsänderungen beim Subjekt [zu] führen, den Nährboden entzieht, wenn man diese eher selten auftretende Wirksamkeit profanisiert, d. h. als tag-tägliches, permanentes pädagogisches Instrument einzusetzen versucht. [...] Damit entzieht sie sich einer kontinuierlichen Einsetzbarkeit und kommt als pädagogisches Instrumentarium nur in Frage, wenn sie in einen Methodenkanon eingebunden ist.
>
> Schott 2003, S. 278 f.

Es liegt eine große Macht darin, Lernprozesse durch Erlebnisse zu initiieren. Die Möglichkeiten von intensiven Eindrücken und das Potenzial der Veränderung – das Sie aus Ihren eigenen Erfahrungen bestätigen werden – können und sollten bewusst eingesetzt werden. Zum einen können sie dadurch noch vergrößert werden, zum anderen ist dies eine Grundvoraussetzung, um Missbrauch zu verhindern.

Eine wichtige Debatte rankt sich um die Wirksamkeit der Erlebnispädagogik und darum, welche wissenschaftlichen Untersuchungen sie nachweisen können. Ich möchte Sie einladen, mit mir auf die Suche nach der Wirksamkeit von erlebnisbasiertem Lernen zu gehen. Die zuvor gestellten Fragen sind hier der erste Schritt.

1.2 Theorien der Erlebnispädagogik

Eine Beschäftigung mit Theorie und Geschichte der Erlebnispädagogik kann hilfreich dabei sein, Stolpersteine aufzudecken und Zusammenhänge besser zu verstehen. Ich habe für den theoretischen Input den sogenannten *Tree of Science* gewählt. Dieses der psychotherapeutischen Praxis entnommene Analyseinstrument möchte ich Ihnen an die Hand geben. Sie haben so die Möglichkeit, (meine) Argumente zu analysieren und in einen theoretischen Hintergrund einzuordnen.

Abb. 1 bietet eine konkrete, graphische Darstellung dieses *Tree of Science* für die Erlebnispädagogik:

Metatheorien – Philosophie
philosophische Wurzeln (Platon, Rousseau, Dilthey)
spezifisches Menschenbild der Erlebnispädagogik:
Der ganzheitliche Mensch ist ein körperlich/leibliches, fühlen des, denkendes, handelndes, soziales und kulturelles Wesen
klassische pädagogische Wurzeln (Rousseau und Pestalozzi) und reformpädagogische Wurzeln
verschiedene Bezugswissenschaften: Philosophie, Psychologie, Soziologie, Religionswissenschaft, Medizin u. a.

Realexplikative Theorien – die spezifischen Theorien
Erlebnis-Pädagogik (Hahn, Neubert)
Handlungs-Pädagogik (Dilthey)
Interaktions-Pädagogik (Mead)
+
diverse Theorien aus den verschiedenen Bezugswissenschaften
z. B. Systemtheorie, Theorien aus der Neurobiologie, psychologische Lerntheorien, Konstruktivismus, Theorien der kritischen Schule, Theorien der Sozialwissenschaften

Arbeitsfelder
spezifische Menschenbilder, Arbeitsethiken, Ziele, Zielgruppen, Motivationen, Intentionen und Themen

Realexplikative Theorien – die spezifischen Theorien
Praxeologie – die methodische Umsetzung
Didaktische Ansätze
Didaktische Prinzipien und erlebnispädagogische Leitbegriffe bzw. (Bedeutungs-)Felder: Erlebnis, Erleben, Handeln, Interaktion, Natur, Abenteuer, Wildnis
Medien und Räume: Meer, Fluß, Gewässer, Berg, Wald, Natur (Wildnis), künstliche Arrangements, pädagogische Settings
Aktivitäten: handlungsorientierte Projekte und Aktivitäten, sportliche Aktivitäten, Abenteuerspiele, lösungs- und handlungsorientierte Kooperationsaufgaben, Interaktionsspiele
technisch-methodische Umsetzungen: Klettern, Abseilen, Rad fahren, Floß bauen, Spinnennetz, Segeln, Wandern, ...

Abb. 1: *Tree of Science* für die Erlebnispädagogik nach Baig-Schneider 2012

Ich gehe davon aus, dass eine theoretische Klärung wichtig ist, um zu verstehen, was Erlebnispädagogik ist: wann sie eingesetzt wird, welche Potenziale sie bietet, welche Grenzen zu erwarten sind. Die theoretischen Bezüge können zudem hilfreich sein, wenn im Schulalltag Fragen nach Herkunft und Legitimation auftauchen.

1.2.1 Systematisierung der Erlebnispädagogik

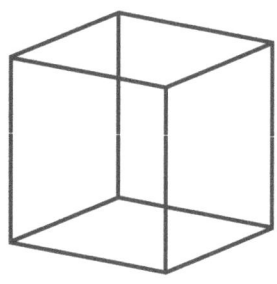

Abb. 2: Vexierbild

Was genau erkennen Sie in Abbildung 2? Ist es ein Würfel? Sind es Linien? Mehrere Vierecke, Quadrate? Ein Kasten, Spielzeug, Fenster, Salzstreuer, Stein?

Damit ist ein wichtiger Punkt der Betrachtung eines Gegenstands – in unserem Fall der Erlebnispädagogik – angedacht. Je nachdem, aus welcher Perspektive ich mich einem Gegenstand annähere, können sich unterschiedliche oder sogar widersprüchliche Erkenntnisse ergeben. Außerdem bleiben bestimmte Punkte aus einem Blickwinkel unsichtbar, jede Perspektive schafft gleichzeitig blinde Flecken, wenn sie etwas anderes in den Blick nimmt. Durch Kontraste und Widersprüche können Unterschiede und Abgrenzungen klarer hervorgehoben werden. Stellen Sie doch einmal die Frage nach dem Erlebnis in Ihrem Umfeld an FreundInnen, Familie, KollegInnen. Ich nehme an, Sie entdecken so eine wunderbare Vielfalt von Erlebnisgeschichten und Erkenntnissen!

Im Fall der Erlebnispädagogik kommt es immer wieder zu einer Vermischung der wissenschaftlichen Rahmen und »Brillen«. Ich möchte bezugnehmend auf Baig-Schneider den analytischen Blick am oben vorgestellten »Tree of Science« orientieren.

> Tipp zum Weiterlesen
> Baig-Schneider, Rainald: Die moderne Erlebnispädagogik: Geschichte, Merkmale und Methodik eines pädagogischen Gegenkonzepts. Augsburg 2012

1.2.2 Erlebnispädagogik als Verfahren – *Tree of Science*

Als Verfahren bezeichnet Baig-Schneider einen »stringenten Handlungsansatz mit einem speziellen Theorie-Praxis-Verhältnis« (Baig-Schneider 2012, S. 24). Dabei können Methodik, Philosophie und Theorie aus verschiedenen Bereichen entlehnt und zu einem funktionalen Ganzen geformt werden. Petzold

(2004) entwickelte zur Systematisierung der psychotherapeutischen Praxis – welche ebenso als Verfahren gesehen werden kann – den sogenannten *Tree of Science*. Dieser soll ein »formales Gerüst« bieten, aktuelle Bestandsaufnahme sein und gleichzeitig die Oberfläche und Tiefenstruktur einer systematischen Praxis offenlegen.

In jeder Form »systematischer Praxis« finden sich über die expliziten theoretischen Konzeptualisierungen der Praktiker hinaus implizite Theorien, finden sich Aussagen über Erkenntnistheorie, über das Menschenbild, finden sich ethische Implikationen, gesellschaftspolitische Visionen, lassen sich die Umrisse einer Persönlichkeitstheorie und diagnostische Folien erkennen. Es ist daher sinnvoll, implizite Theorien explizit zu machen und in der Reflexion des Theorie-Praxis-Verhältnisses deutlich werden zu lassen, dass aus ihnen die Ziele und Inhalte kommen, die durch Methoden und Techniken, Medien, Stile und Formen in der Praxis angestrebt werden sollen.

Petzold, zit. nach Baig-Schneider 2012, S. 208

Ergänzend eine kurze Zusammenfassung zu den Bezugswissenschaften der Erlebnispädagogik.

Disziplin	Zentraler Gegenstand	Denkweise/Methode
Alltagsverstand der Laien	Die Alltagswelt: Wir alle sind Laien, fast überall! Aber als solche sind wir immer schon BiologInnen, PsychologInnen, SoziologInnen, PädagogInnen.	Kontextgebundenes, unsystematisches und verdinglichendes Denken. Daumenregeln statt reflektierter Konzepte. Stark erfahrungsgebunden.
Psychologie	Innerseelische Prozesse, Emotionen, Kognitionen, Verhalten – Charakterstruktur	Analytisch-reduktionistische Verfahren des Behaviorismus. Hermeneutische Denkweise der Psychoanalyse.
Pädagogik	Erziehung und Bildung von Menschen verschiedener Lebensalter in unterschiedlichen sozialen Kontexten.	Analytisch-reduktionistische Verfahren in der empirischen Bildungsforschung. Hermeneutische Denkweise in der geisteswissenschaftlichen Pädagogik.
Soziologie	Prozesse des Zusammenlebens von Menschen – von kleinen, überschaubaren bis hin zu weltgeschichtlichen Zusammenhängen.	Analytisch-reduktionistische Methode der quantitativen Soziologie. Hermeneutisch-interpretative Verfahren der qualitativen Soziologie.

Abb. 3: Überblick über die Bezugswissenschaften der Erlebnispädagogik (nach Gill 2005, S. 18)

Als theoretische Grundlage soll dieser Einblick zunächst reichen. Er kann helfen, im Weiteren meine Bezüge zu den verschiedenen wissenschaftlichen Hintergründen verständlich zu machen. Warum ziehe ich beispielsweise Erklärungen aus der kritischen Psychologie oder Schulsoziologie heran? Weil sie Teile eines Erklärungsmodells dafür sind, was das Verfahren »Erlebnispädagogik« ausmacht.

1.3 Mit Kopf, Herz und Hand

Eins der Prinzipien der Erlebnispädagogik ist das Lernen mit »Kopf, Herz und Hand«. Kompetenzen werden demnach auf drei verschiedenen Ebenen erworben: Wissen, Haltung und Fähigkeiten. An diesen Prinzipien entlang ist auch dieses Handbuch entstanden. In meinem beruflichen Werdegang waren es vor allem (mal wieder) die persönlichen Erlebnisse und anschließenden Reflexionen, die einen besonderen Einfluss auf mein Denken hatten. In Konsequenz hat sich mein pädagogisches Handeln in den letzten Jahren vielfach verändert und gewandelt. Genau diesen Prozessen, als intensiven Lernprozessen, sollte Offenheit entgegengebracht werden. Mich an den Prinzipien Kopf, Herz und Hand in diesem Buch zu orientieren, ist natürlich auf den verschiedenen Ebenen unterschiedlich leicht oder schwer zu verwirklichen. Denn meist setzen Bücher und Texte auf der Ebene des Kopfes an. Die Beschäftigung mit den Fragen nach demokratisch legitimierten Lernprozessen soll versuchen, den Bereich der persönlichen Haltung zu berühren. Ich gehe davon aus, dass ein Ausprobieren und Einsetzen des Gelernten zu einer Erweiterung Ihrer Fähigkeiten führen wird. Ich werde außerdem Übungen vorschlagen, mit denen Fähigkeiten weiter entwickelt werden können. Und kann Ihnen nur ans Herz legen, selbst an aktiven Fortbildungen und Trainings teilzunehmen. Diese Perspektive bleibt unersetzlich in der alltäglichen Arbeit »auf der anderen Seite«. Eine andere Möglichkeit, Ihre Fähigkeiten zu erweitern: Suchen Sie sich eine kleine Gruppe, lesen Sie dieses Buch gemeinsam. Einige Übungen sind sehr gut in der Gruppe durchführbar. (Sollten Sie sich dafür entscheiden, dass Buch gemeinsam mit anderen zu lesen, haben Sie den Vorteil, dass Sie im Leseprozess vielfache Perspektiven und Positionen, Widersprüche, Konflikte entdecken können. Das gemeinsame Erleben, anschließendes Reflektieren und Aushandeln ist wesentlicher Bestandteil erlebnispädagogischen Arbeitens.) Wie bereits angedeutet, habe ich die Struktur dieses Buchs an das Prinzip der Erlebnispädagogik – mit Kopf, Herz und Hand – angelehnt. Es werden also Übungen folgen, diese werden theoretisch eingebettet werden. Und im besten Fall Ihre Haltungen berühren. Um diesen

Prozess zu begleiten, möchte ich Ihnen das Anlegen eines Lerntagebuchs vorschlagen. Es ist eine Möglichkeit, Ihren eigenen Lernprozess zu begleiten, zu dokumentieren, zu reflektieren.

> **Name der Übung: Mein Lerntagebuch**
>
> **Warum ein Lerntagebuch?**
> Durch die regelmäßige Nachbearbeitung und Reflexion des Gelernten kommt es zu dessen tieferem Verständnis. Außerdem geht es um die Auswahl der Aspekte, die subjektiv als besonders bedeutsam, interessant oder neuartig empfunden werden. Es findet eine Förderung des Bewusstseins für den eigenen Lernprozess und gleichzeitig eine Überwachung des eigenen Verstehens statt: Welche Zusammenhänge habe ich verstanden, welche sind mir nicht klar geworden? Die kontinuierliche Dokumentation und Reflexion der Lernerfahrungen führt zu einem besseren Verständnis des eigenen Arbeitsverhaltens und auf diese Weise zur Entwicklung individueller Lern- und Arbeitsstrategien. Das Verfassen eines Lerntagebuchs ist gleichzeitig eine solche Lern- und Arbeitsstrategie. Die »Verschriftlichung« der eigenen Gedanken kann insbesondere helfen, eigene Ideen zu generieren und zu entwickeln. Die Erstellung des Lerntagebuchs ist daher als das Einüben einer Technik aktiven, selbstgesteuerten Lernens zu sehen.
>
> **Wie sieht das Lerntagebuch aus?**
> Ich empfehle Ihnen, beispielsweise ein Schulheft oder leeres Buch anzuschaffen. Wichtig ist, dass Sie ein Bewusstsein dafür entwickeln, wie sehr sie mit dem Aufschreiben von Gedanken, Gefühlen, Lernprozessen etc. vertraut sind. Ein dickes Buch mit vielen leeren Seiten kann bereits der Grund sein, überhaupt nicht erst einzusteigen, wenn es das erste Mal für Sie ist!
>
> **Weitere Tipps:**
> - Versuchen Sie, ganze Sätze zu formulieren.
> - Alles, was Ihnen in den Sinn kommt, hat eine Berechtigung, aufgeschrieben zu werden. Halten Sie sich nicht an Regeln. Vor allem nicht an meine. Und seien Sie ehrlich zu sich selbst.
> - Seien Sie kritisch mit sich selbst (und mit mir).
> - Nutzen Sie jede Gelegenheit, Ihre Kompetenzen zu erweitern.

Es ist empfehlenswert, das Lerntagebuch um bestimmte Leitfragen herum zu organisieren, mit denen Sie die Reflexion strukturieren können. Ich werde Ihnen immer wieder Reflexionsfragen anbieten. Wählen Sie, ob diese für Sie passend erscheinen. Oder entwerfen Sie selbst Fragen, an denen Sie sich orientieren möchten.

Hier ein paar Vorschläge für übergreifende Fragenkomplexe (zitiert nach: http://www4.psychologie.uni-freiburg.de/einrichtungen/Paedagogische/lehre/entwickl/vlep4_5.html):

- Fallen mir Beispiele aus meiner eigenen (biografischen) Erfahrung ein, die das Gelernte illustrieren, bestätigen oder ihm widersprechen?
- Welche Aspekte des Gelernten fand ich interessant, nützlich, überzeugend – und welche nicht? Warum?
- Sind mir Bezüge und Anknüpfungspunkte zwischen einem Thema und aus anderen Kontexten bereits bekannten Theorien, Befunden oder Methoden aufgefallen?
- Welche weiterführenden Fragen wirft das Gelernte auf? Regt es mich zu Gedanken an?
- Welche Aspekte des Gelernten kann ich bei gegenwärtigen oder zukünftigen Tätigkeiten nutzen? Wie könnte eine solche Nutzung aussehen?
- Habe ich Erfahrungen oder Beobachtungen gemacht, die mir bei zukünftigen Entscheidungen/Planungen etc. nutzen können?
- Welche Fragen blieben offen? Was erschien mir unklar oder auch falsch?

Sollten Sie Übungen durchführen, die ich Ihnen vorschlage, überprüfen Sie diese konkret auf die Umsetzbarkeit in Ihrer Klasse:
- Was ist Ihnen bei der Durchführung aufgefallen?
- Was ist Ihnen leicht-/schwergefallen?
- Wo könnten Stolpersteine für die SchülerInnen liegen?
- Wie könnten sich diese beiseite räumen lassen?
- Was sind Tipps aus Ihrer eigenen Erfahrung mit der Übung?

Tipps für Ihre Klasse:
Wenn Sie mit Ihren SchülerInnen ein Lerntagebuch anlegen wollen, beachten Sie, dass unangeleitetes, freies Schreiben nicht für alle ein passendes Medium ist. Es ist wichtig, die individuellen Vorerfahrungen mit dem Aufschreiben und Festhalten von Erlebnissen, Gefühlen und Gedanken mit einzubeziehen. Bieten Sie verschiedene Möglichkeiten der (Selbst-) Reflexion an.

1.4 Einstiege – Wie breche ich das Eis?

Sie haben im letzten Kapitel mit dem Lerntagebuch eine Methode kennengelernt, mit welcher Sie einen gesamten Zeitraum erlebnisbasierter Lerngelegenheiten reflektierend begleiten können. Doch wie starte ich diesen Zeitraum? Wie können Sie den Einstieg in einzelne Einheiten gestalten? Ein beliebter und sinnvoller Anfang sind die sogenannten Icebreaker oder Warm-ups (liebevoll WUPs genannt). Sie dienen dazu, eine entspannte Atmosphäre herzustellen, brechen durch das gemeinsame Lachen das Eis. Ich möchte Ihnen einige Vorschläge für solche WUPs machen, mit denen Sie in Ihre Einheiten oder den Schulalltag starten können:

Name der Übung: Oberaffe

Zeit/Dauer:
10–15 Minuten

Gruppe:
Ab 8 Jahre, bis zu 30 SchülerInnen

Beschreibung:
Am besten ist es, wenn jedeR SchülerIn einen Tisch vor sich zur Verfügung hat. Ein/e SchülerIn verlässt den Klassenraum. Dann wird der Oberaffe bestimmt. Alle beginnen, mit den flachen Händen auf den Tisch zu klopfen. Der/die SchülerIn von draußen wird hereingeholt. Dann wechselt der Oberaffe – möglichst zügig – das Klopfen auf den Tisch durch andere Taktvorgaben aus: Fäuste auf den Tisch, Stampfen, Hände auf die Oberschenkel etc. etc. Ziel ist herauszufinden, wer der Oberaffe ist. Die anderen SchülerInnen versuchen möglichst unauffällig, die Taktvorgaben nachzuahmen.

Name der Übung: Knäuel weitergeben

Zeit/Dauer:
10–20 Minuten

Gruppe:
ab ca. 9 Jahre, bis zu 30 SchülerInnen

Material:
Zwei (getrennt) zu Knäuels geknotete Schals, Tücher, Mützen o. Ä.

Warum?
Einstieg ins Thema Bedürfnisse und Motivation durch Beteiligung
Gemeinschaft vs. Wettkampf

Beschreibung:
Die Gruppe sitzt eng im Kreis (auf Stühlen oder im Schneidersitz), so dass sich die Knie berühren. Die Knäuel starten an zwei verschiedenen Stellen im Kreis. Die Spielerinnen geben die Knäuel an Nachbar/Nachbarin weiter oder legen sie ihr/ihm in den Schoss. Die Knäuel dürfen dabei durchaus die Richtung wechseln. Wer beide Knäuel auf einmal hat, scheidet aus, und der Kreis wird kleiner. Das Spiel ist zu Ende, wenn nur noch zwei SpielerInnen übrig sind.

Mögliche Reflexionsansätze:
Dieses Warm-up ist ein sehr ungewöhnlicher Start in eine erlebnispädagogische Einheit. Üblicherweise vermeide ich Spiele und Übungen, in denen sanktioniert wird bzw. TeilnehmerInnen ausscheiden. Allerdings kann diese Tatsache als Möglichkeit gesehen werden, es bereits zu thematisieren. Je größer die Gruppe, umso wahrscheinlicher sind Störungen und Widerstände, wenn die ausscheidenden SchülerInnen über einen langen Zeitraum keine Aufgabe haben.

Wie ging es euch, als ihr nicht mehr mitspielen durftet? War euch langweilig, wart ihr traurig?
Wie möchtet ihr das in Zukunft organisieren?

Quelle:
Oliver Klee, spielereader.org

Name der Übung: Wanderndes Klatschen

Zeit/Dauer:
5-10 Minuten

Gruppe:
Ab 9 Jahre, bis zu 30 SchülerInnen

Warum?
Gemeinsamen Rhythmus finden
Gruppengefühl stärken
Entlastung der linken Gehirnhälfte

Beschreibung:
Die SchülerInnen stellen sich im Kreis auf. Jemand wendet sich einer Nachbarin zu und klatscht in die Hände. Die Nachbarin hat sich inzwischen ebenfalls der ersten zugewandt und klatscht zeitgleich in die Hände. Danach gibt sie das Klatschen in die gleiche Richtung weiter – oder gibt es wieder zurück. Direkt nach dem Zurückgeben darf nicht noch einmal zurückgegeben werden. Das Spiel läuft gut und macht richtig Spaß, wenn ein gemeinsamer Rhythmus entstanden ist. Nach und nach kann dann das Tempo erhöht werden. Besondere Hinweise: Dieses Spiel spielt man miteinander, nicht gegeneinander – es geht dabei nicht darum, die anderen auszutricksen! Ziel ist der gemeinsame Rhythmus und das Gruppenerlebnis dabei.

Mögliche Reflexionsansätze:
Dieses WUP knüpft genau dort an, wo das zuletzt beschriebene »Knäuel weitergeben« als »Negativbeispiel« gelten kann. Wenn es gut läuft, stellt sich ein richtiggehender Flow ein. Dieses Erlebnis von Gemeinschaftlichkeit im Rhythmus kann somit eine Grundlage für einen Einstieg in folgende Reflexion bieten.
Wie fühlt sich das an, wenn plötzlich der Rhythmus flüssig läuft? Wenn alle konzentriert mitmachen?

Name der Übung: Kissenrennen

Zeit/Dauer:
5–10 Minuten

Gruppe:
Ab 8 Jahre, geht nur mit einer geraden Zahl, max. 30 SchülerInnen, sonst dauert es zu lange, bis jedeR wieder dran ist

Material:
2 möglichst große, dicke Kissen

Warum?
Zusammenarbeit und Wettbewerb gleichzeitig und:
Macht einfach Spaß

Beschreibung:
Die SchülerInnen stehen in einem Kreis. Es ist auch möglich, im Stuhlkreis zu spielen (macht aber weniger Spaß). Es wird abwechselnd auf 1, 2 durchgezählt. Dann nimmt eine Person aus Gruppe 1 ein Kissen, das andere Kissen muss möglichst gegenüber an eine Person von Gruppe 2 gegeben werden. Auf Los werden die Kissen im Uhrzeigersinn immer nur an die Personen des eigenen Teams abgegeben. Ziel ist es, das Kissen des anderen Teams zu überholen.

Name der Übung: Obstsalat

Zeit/Dauer:
15 Minuten

Gruppe:
Ab 8 Jahre, bis zu 30 SchülerInnen

Material:
Stuhlkreis

Warum?
Spaß und Warm-Up
Mehrsprachigkeit wertschätzen
Einige Wörter in verschiedenen Sprachen lernen

Beschreibung:
Die TeilnehmerInnen sitzen im Stuhlkreis und werden in drei Untergruppen eingeteilt: z. B. Äpfel, Kirschen und Erdbeeren (Sie können sich Obstsorten von den SchülerInnen nennen lassen). Wenn die Gruppe sehr groß ist, dann können Sie noch ein weiteres Obst dazu nehmen. Eine Person hält sich innerhalb des Stuhlkreises auf. Diese Person bittet nun die anderen ihren Platz zu wechseln, indem sie z. B. die »Erdbeeren« dazu auffordert. Die »Erdbeeren« folgen somit der Aufforderung des Platzwechsels und die Person im Kreis versucht, einen Platz zu bekommen. Die Person, die keinen Platz bekommt, macht weiter. Wenn alle

SchülerInnen auffordert werden sollen, den Platz zu wechseln, so geschieht das mit dem Ruf »Obstsalat«. Die einzige Regel lautet, dann nicht einfach auf den Nachbarplatz zu rutschen.

Nachdem diese Regeln erläutert worden sind, wird die Besonderheit eingeführt: Das Spiel wird nicht nur in der Mehrheitssprache gespielt, sondern auch in anderen, in der Gruppe vertretenen Sprachen wie möglicherweise Russisch, Türkisch, Arabisch ... Sie lassen die Obstnamen in die entsprechenden Sprachen übersetzen und auf ein Flipchart schreiben. Lassen Sie die Gruppen kurz unter Anleitung die Wörter üben. Dann kann das Spiel in verschiedenen Sprachen gespielt werden.

Zusätzliche Informationen:
Der intersektionale Aspekt liegt in dieser Übung auf der Anerkennung der sprachlichen Ressourcen, die Kinder und Jugendliche mit Migrationshintergrund oftmals haben. Jugendliche freuen sich sehr, wenn ihre sprachlichen Kompetenzen anerkannt anstatt abgewertet werden, wie es oftmals mit den Worten »der/die spricht weder richtig Deutsch noch richtig Türkisch« geschieht. Die Anerkennung der sprachlichen Fähigkeiten ist eine Voraussetzung dafür, diese auch selbst wertzuschätzen.

Quelle:
Bildungsteam Berlin-Brandenburg e. V.

Dies sind natürlich nur wenige der unzähligen Warm-ups die existieren. Sie gehören zu meinen beliebtesten und am häufigsten durchgeführten, sind also vielfach in der Praxis erprobt. In den Methodenbüchern und im Internet können Sie weitere Anregungen zu solchen Icebreakern finden.

1.5 Wir lernen uns kennen

Nachdem nun hoffentlich das Eis gebrochen und eine entspannte Atmosphäre entstanden ist, ist der nächste Schritt das Kennenlernen. Im Folgenden habe ich zwei Übungen, die Sie sehr gern zunächst einmal selbst durchführen können. Aus diesem Grund habe ich sie für Ihren persönlichen Gebrauch formuliert. Am Ende jeder Methode gebe ich Hinweise, wie ich diese in meiner Praxis mit SchülerInnen einsetze und welche Erfahrungen ich damit gemacht habe.

Name der Übung: Ein Porträt von mir!

Beschreibung:
Sie benötigen Abb. 1. Diese Arbeitsblätter können Sie unter www.v-r.de/Germonprez herunterladen. Sie können den Entwurf auch abzeichnen, beispielsweise in Ihr Lerntagebuch.
1. Tragen Sie Ihren Namen auf dem Papier in der Wolke ein.
2. Erfühlen/ertasten oder betrachten Sie Ihren Schädel und malen diesen auf. Genauso verfahren Sie mit Augen, Nase, Mund, Ohren, Haaren (sämtlichen Haaren im Kopf- und Gesichtsbereich) und anderem Zubehör (Piercings, Tattoos, Ohrringe etc.)
3. Dann können Sie sich für Sie relevante Fragen aussuchen. Tragen Sie die Ergebnisse in die unteren, kleineren Felder ein. Fragen könnten sein:
   - Warum lese ich dieses Buch?
   - Was möchte ich aus diesem Buch mitnehmen?
   - Was soll sich in meinem Alltag als LehrerIn verändern?
   - Welche Veränderung möchte ich gern gesellschaftlich erreichen?
   - Was sind meine drei wichtigsten Werte? Als LehrerIn, als »Privatperson«.

Falls Sie das Buch in einer Gruppe lesen, können Sie nach Schritt 1 folgendermaßen weiter verfahren (so funktioniert es dann übrigens auch mit Ihren SchülerInnen).
2. Machen Sie laute Musik an.
3. Laufen Sie durch den Raum. Tauschen Sie so schnell wie möglich die Blätter. Dann machen Sie die Musik (etwas) leiser, finden Sie die Person, deren Zettel Sie gerade in der Hand halten.
4. Erfühlen/ertasten oder betrachten Sie den Schädel der anderen Person und malen sie diesen auf.
5. Machen Sie die Musik lauter und tauschen Sie erneut möglichst schnell die begonnen Porträts.
6. Verfahren Sie genauso mit den Augen, Ohren, Nasen, Haaren, Piercings, Tattoos etc. Zwischen den einzelnen zu zeichnenden Teilen wird immer wieder munter getauscht. Das kann auch mit geschlossenen Augen stattfinden. Beachten Sie dabei (vor allem mit einer Gruppe von SchülerInnen), dass Sie das Ganze nicht überfrachten. Wenn die Konzentration nachlässt, fassen Sie ruhig einzelne Schritte zusammen.
7. Wenn die Porträts (möglichst) vollständig fertiggestellt ist, geht es so weiter:
8. Nehmen Sie Ihr Porträt an sich.
9. Finden Sie eine Kleingruppe (von maximal vier Personen, sollten Sie nur vier Personen sein, setzen Sie sich mit diesen vier Personen hin).

Wir lernen uns kennen

10. Interviewen Sie sich. Sie können sich Fragen aussuchen, die für Sie relevant sind. Tragen Sie die Ergebnisse in die unteren, kleineren Felder ein. Fragen könnten sein:
    - Warum lesen wir dieses Buch zusammen?
    - Was willst du aus diesem Buch mitnehmen?
    - Was soll sich in deinem Alltag als LehrerIn verändern?
    - Welche Veränderung möchtest du gern gesellschaftlich erreichen?
    - Was sind deine drei wichtigsten Werte? Als LehrerIn, als Mensch.

Sollten Sie diese Übung mit einer Gruppe von SchülerInnen durchführen, die sich in der Phase des Kennenlernens befinden, können Sie beispielsweise folgende Fragen nutzen:
- Was sind deine Hobbys?
- Welche Sprachen sprichst du?
- Welche Musik hörst du gern?
- Was ist dir am wichtigsten in deinem Leben?
- Was ist dir wichtig in einer Klasse?
- Was ist dir wichtig im Zusammenleben mit anderen Menschen/SchülerInnen?
- Wie müsste eine Schule sein, in die du gern gehst?

Abb. 4: Mein Porträt

Weitere Hinweise für die Praxis:
Diese Übung kann vor allem durch die Musik ein sehr temperament- und stimmungsvoller Weg des Kennenlernens sein. Ich nutze diese Möglichkeit gern, um die

Musik durch die SchülerInnen mitbringen (und gegebenenfalls auch installieren) zu lassen. In einem Einsatz im Rahmen eines Schulprojekts mit neu angekommenen und in Deutschland geborenen Jugendlichen war dies die erste Gestaltungsmöglichkeit der Jugendlichen. Sehr gern nahmen die SchülerInnen die Musikwahl in die Hand. Und konnten sich so bereits »Gehör verschaffen«. Für viele Jugendliche stellt Musik einen großen Teil der Identifikation dar. Sie ist somit ein wesentlicher Bestandteil des Kennenlernens, des ins Gespräch kommen. Bereits hier lassen sich Gemeinsamkeiten und Vielfalt thematisieren: Was haben wir gemeinsam/Was unterscheidet uns? Dies kann in dieser Übung (eher oberflächlich) am Thema Musik oder Lieblingsessen geschehen. Die Kleingruppen haben aber auch die Möglichkeit in (tiefere) Diskussionen über Werte und Lebenswichtiges einzusteigen.

In der eben benannten Gruppe von SchülerInnen gab es zum Abschluss der Übung eine kurze, gemeinsame Runde zur Frage: Was ist euch wichtig? Fast alle hatten in diesem Feld Familie und FreundInnen angegeben. Dies war ein sehr schöner Moment, diese Gemeinsamkeit als Grundlage mit in den Tag zu nehmen.

Name der Übung: Die Geschichte meines Namens ...

Beschreibung:
Nehmen Sie Ihr Lerntagebuch zur Hand. Hier habe ich einige Fragen zu Ihrem Namen vorbereitet:
Wissen Sie, wer Ihnen Ihren Namen gegeben hat und warum?
Kennen Sie die Bedeutung Ihres Vornamens?
Haben Sie einen Spitznamen?
Wie gefällt Ihnen Ihr Name?
Wie möchten Sie genannt werden?

Für die Arbeit mit Ihrer Klasse/Gruppe: Fallen Ihnen noch weitere Fragen ein, die zum Kennenlernen der SchülerInnen aufschlussreich sein könnten?
Es ist nicht dramatisch, wenn Sie die ersten beiden Fragen nicht beantworten können. Beantworten Sie dann einfach nur die letzten drei Fragen.
Falls Sie die Bedeutung Ihres Namens nicht kennen, können Sie versuchen, ein Vornamenbuch zu finden oder die Bedeutung des Namens im Internet recherchieren.

Quelle:
Angelehnt an Bildungsteam Berlin-Brandenburg e. V.

Dies ist eine weitere Übung, die Sie für das Kennenlernen der SchülerInnen nutzen können. Hier sind noch einige zusätzliche Infos für die Durchführung mit einer Schulklasse:

Fortsetzung: Die Geschichte meines Namens ...

Zeit/Dauer:
15–40 Minuten

Gruppe:
Bis zu 15 SchülerInnen

Material:
Vornamenbuch, Fragen auf Flipchart, Bedeutungen der Namen der Teilnehmenden recherchieren (wenn vorher bekannt), ein Gruppenraum mit Stuhlkreis

Warum?
Kennenlernen
Vertraute Atmosphäre schaffen
Namen kennenlernen
Mehr über die Einzelnen erfahren

Beschreibung:
Die SchülerInnen werden aufgefordert, der Reihe nach etwas über ihre(n) Vornamen zu erzählen. Folgende Fragen werden gestellt:
- Weißt du, wer dir diesen Namen gegeben hat und warum?
- Kennst du die Bedeutung deines Vornamens?
- Hast du Spitznamen?
- Wie gefällt dir dein Name?
- Wie möchtest du genannt werden?

Die Lehrkraft erklärt, dass es nicht schlimm ist, wenn die ersten beiden Fragen nicht beantworten werden können. Es werden dann einfach nur die letzten drei Fragen beantwortet. Für die, die die Bedeutung ihres Namens nicht kennen, kann ein Vornamenbuch mitgebracht werden, in dem die Bedeutung der Namen ermittelt wird. Ggf. kann die Lehrkraft auch vor Durchführung der Übung die Bedeutung der Namen der TeilnehmerInnen recherchieren und Informationen soweit nötig ergänzen.

Stolpersteine:
Es gibt Personen, die immer wieder auf die Bedeutung ihres Namens angesprochen werden. Meist sind das vermeintlich »nicht deutsch« bzw. fremd klingende Namen. Diese Übung kann somit bereits eine Konfrontation mit alltäglich erfahrenen Rassismen und rassistischen Zuschreibungen sein.

Quelle:
Bildungsteam Berlin-Brandenburg e. V.

Und noch ein letzter Vorschlag, um aktiv in unser Thema einzusteigen. Die nächste Übung kann auf verschiedenen Ebenen herausfordernd sein. Sie müssen zunächst zwei Personen finden, die sich auf dieses kleine Experiment einlassen. Es sollten am besten Personen sein, die sich nicht besonders gut kennen! Oder Sie arbeiten mit der Gruppe zusammen, die sich zum Buchlesen zusammengefunden hat. Sollten Sie sich bereits besser kennen, können Sie konkret zu Fragen spekulieren, die Bereiche betreffen, über die Sie sich bislang noch wenig ausgetauscht haben. Viel Spaß damit.

Name der Übung: Der erste Eindruck

Beschreibung:
In einer Dreiergruppen geschieht Folgendes:
TeilnehmerIn A und B spekulieren über TeilnehmerIn C zu folgenden Fragen:
- Wo kommt er/sie her?
- Wo lebt er/sie und mit wem?
- Was sind sein/ihre Hobbys?
- Was ist sein/ihr Lieblingsessen?
- etc.

Nächster Schritt: TeilnehmerIn B und C spekulieren über TeilnehmerIn A.
Und dann: TeilnehmerIn A und C spekulieren über TeilnehmerIn B.

Während die anderen beiden spekulieren, hört die dritte Person aufmerksam zu, kommentiert nichts von dem Gesagten und notiert sich die für sie interessanten Spekulationen.

Wichtig ist die Betonung von wertschätzenden Spekulationen.

Mögliche Reflexionsansätze:
- Wie war das Gefühl, als die anderen offen über Sie spekuliert haben?
- Was war für Sie bekannt/gewohnt?
- Welche Annahmen über Sie kennen Sie bereits?
- Was hat Sie verwundert?
- Wie war es, über eine andere Person zu spekulieren, während diese anwesend ist?
- Wie hat sich das angefühlt?
- Was ist Ihnen leichtgefallen?
- Was war schwierig?

Quelle:
Nach Annette Reiners: Praktische Erlebnispädagogik 2

Auch diese Übung können Sie im Prozess des Kennenlernens der SchülerInnen verwenden. Allerdings halte ich es für wichtig, sie zunächst selbst auszuprobieren. Es kann ein sehr mächtiges Erlebnis sein und vor allem an Erfahrungen anknüpfen, die für die SchülerInnen nicht positiv besetzt sind (Erfahrungen des Ausschluss, Mobbing etc.). Es erfordert also eine Sensibilität von Ihrer Seite, den richtigen Moment für den Einsatz einer solchen Methode zu finden. Des Weiteren noch mehr Infos für die Durchführung in einer Schulklasse:

Fortsetzung: Der erste Eindruck

Zeit/Dauer:
Ca. 60 Minuten

Gruppe:
Ab 12 Jahre, max. 30 SchülerInnen, gut, wenn durch 3 teilbar

Material:
Fragen und Vorgehensweise auf einem Flipchart notieren

Warum?
Kennenlernen, Wahrnehmung, Kreativität, Thematisieren von Vorannahmen

Beschreibung:
Die Gruppe wird in Dreiergruppen aufgeteilt. In diesen Dreiergruppen geschieht Folgendes:

SchülerIn A und B spekulieren über SchülerIn C zu folgenden Fragen:
- Wo kommt er/sie her?
- Wo lebt er/sie und mit wem?
- Was sind seine/ihre Hobbys?
- Was ist sein/ihr Lieblingsessen? ...

SchülerIn B und C spekulieren über SchülerIn A.
SchülerIn A und C spekulieren über SchülerIn B.

Während die anderen beiden spekulieren, hört die dritte Person aufmerksam zu, kommentiert nichts von dem Gesagten und notiert sich die für sie interessanten Spekulationen.
Anschließend darf jedeR SchülerIn im Plenum zunächst die interessanten Spekulationen vortragen. Dann stellt er/sie sich vor.

Mögliche Reflexionsansätze:
Wie war das Gefühl, als die anderen offen über dich spekuliert haben?
Was war für dich bekannt/gewohnt?
Welche Annahmen über dich kennst du bereits?
Was hat dich verwundert?
Wie war es, über eine andere Person zu spekulieren, während diese anwesend ist?
Wie hat sich das angefühlt?
Was ist dir leichtgefallen?
Was war schwierig?

Stolpersteine:
Wichtig ist die Betonung von wertschätzenden Spekulationen.

Zusätzliche Informationen:
Das Interessante an dieser Übung ist, dass die Spekulationen bei einem ersten Zusammentreffen oft stattfinden, aber selten ausgesprochen werden. Diese Übung gibt die Möglichkeit zu erfahren, was andere eventuell über einen denken.

Quelle:
Annette Reiners, Praktische Erlebnispädagogik 2

Weitere Ideen zum Themenbereich *Kennenlernen* finden Sie in Kapitel 7.1.

2 Bedarfsanalyse

Selbstbestimmtes Lernen – Mitbestimmung von Anfang an
Es ist eines der »klassischen« Probleme: Als GestalterIn eines Lernprozesses verwende ich viel Zeit, Mühe und Energie auf ein perfekt ausgearbeitetes Programm. Vielfältige Methoden, das Bedenken von allen möglichen Unwägbarkeiten, bis ins letzte Detail durchdachte Gruppenprozesse. Und dann? Keine Motivation bei den Teilnehmenden, Lethargie, Frustration auf beiden Seiten. Was ist passiert?

Eines der häufigsten Missverständnisse hinsichtlich erfahrungs- und erlebnisbasiertem Lernen ist dessen Steuerbarkeit. Gehe ich von einem selbstbestimmten und aktiven Lernprozess der Teilnehmenden aus, kann ich vor allem eines: Angebote machen und Unterstützung anbieten. Ich habe jedoch keinen direkten Einfluss darauf, wie die Lernenden ihren Lernprozess gestalten! Ein wesentlicher Faktor für die erfolgreiche Gestaltung von Lernprozessen ist das Interesse und der Bedarf auf Seiten meiner »Zielgruppe«.

2.1 Vom Bedarf ...

Um in Ihrer Klasse oder Lerngruppe möglichst nicht am Bedarf der SchülerInnen vorbei zu planen, empfiehlt es sich, die Wünsche und Bedürfnisse von Anfang an als Grundlage für Ihr weiteres Vorgehen zu nehmen. Das kann zunächst einmal ungewohnt erscheinen, vor allem wenn der restliche Schulalltag wenig von den SchülerInnen oder LehrerInnen bestimmt wird. Oftmals sind Zeiten, Räume und Inhalte vorgegeben und es scheinen wenige Spielräume nutzbar zu sein. In einem erlebnisbasierten Lernprozess können Schritte notwendig sein, diese Vorgaben flexibler zu handhaben oder sogar komplett aufzubrechen. Schauen Sie dafür gern noch einmal auf Ihre Ausführungen bezüglich der wichtigen Lebenserlebnisse in Kapitel 1 zurück.

Versuchen Sie es so: Lernen Sie folgende Zahlen- und Buchstabenkombination auswendig. Sie haben dafür eine Minute Zeit.

HN7 GHD23 GHBA898 DF12985 F340K LSEOK 73558365629 HNJDFF

Wenn Ihnen das unmöglich erscheint, verkürzen Sie ruhig die Kombination oder verlängern Sie die Zeit.

Hatten Sie Freude an dieser Aufgabe? Waren Sie motiviert, die Kombination zu lernen, haben Sie sich gefragt, warum ich Ihnen solch eine blödsinnige Aufgabe stelle? Oder haben Sie mich und meine Intention bereits durchschaut?

Denn natürlich ist es hier zugegebenermaßen plakativ: Einen »sinnlosen« Zusammenhang unter Zeitdruck zu erlernen fällt zumindest schwer, ist wahrscheinlich sogar unmöglich. Falls Sie es schaffen sollten, den Code auswendig zu lernen, werden Sie, morgen darauf angesprochen, mit großer Wahrscheinlichkeit keine Erinnerung daran haben. Noch weniger heute in einem Jahr. Erst wenn Sie das Bedürfnis entwickeln, diesen Zahlencode auswendig zu lernen (vielleicht weil er Zugang zu einem großartigen Schatz ist oder die Sprache eines Menschen, den Sie sehr schätzen und mit dem Sie wahnsinnig gern ins Gespräch kommen wollen) und ihm eine Sinnhaftigkeit verleihen können, wird Ihnen das Lernen wesentlich leichter von der Hand gehen.

Hiermit also zurück zur Analyse dessen, was Ihre SchülerInnen gern mit Ihnen gemeinsam lernen wollen:

Name der Übung: SWOT-Analyse

Warum?
SWOT bedeutet:
Strengths (Stärken)
Weaknesses (Schwächen)
Opportunities (Chancen)
Threats (Bedrohungen)

Die SWOT-Analyse dient zum strukturierten Bearbeiten eines Themas!
Diese Methode können Sie für Ihre eigene Klärung und Analyse nutze. Es ist ebenso möglich, sie innerhalb einer Klasse anzuwenden. Vielleicht überreden Sie auch Ihr Kollegium, eine solche Analyse für die ganze Schule durchzuführen? Falls Sie die Analyse auf allen drei Ebenen durchführen können, ist dies natürlich sehr wertvoll, um ein nachhaltiges und potenziell erfolgreiches Projekt zu entwickeln. Allerdings ist bereits die Analyse auf den Ebenen Ihrer Person und mit Ihren SchülerInnen sehr wertvoll. Im Nachgang können Sie dann gemeinsam überlegen, welchen der Bereiche Sie angehen wollen.

Beschreibung:
Sollten Sie selbst eine solche Analyse für Ihre Tätigkeit als LehrerIn durchführen wollen, übertragen Sie einfach das Raster mit den vier leeren Feldern in Ihr Lerntagebuch. Füllen Sie die Felder mit den jeweiligen Gedanken zu den Themen.

Satisfactions/Strengths	Opportunities
Stärken Das ist spitze. Das läuft rund. Das befriedigt uns. Beibehalten! Darauf aufbauen! *Dafür Sorge tragen, damit »wuchern«*	**Chancen** Gute Ansätze Diese Ressourcen können wir nutzen. *Davon etwas mehr, ausbauen, entwickeln, Brachland nutzen*
Weaknesses	Threats
Schwächen Das läuft nicht rund. Das ist mangelhaft. Das stört uns. *Sollten wir/Sie ändern!* *Verbesserungen nötig.*	**Gefährdungen** Absehbare bedrohliche Entwicklungen Drohende Probleme Tritt ein, wenn nicht rasch etwas geschieht *Prophylaktische Maßnahmen, Lösungen überlegen, um sie zu vermeiden*

Abb. 5: SWOT-Analyse

Variante 1:
Lassen Sie die SchülerInnen in Kleingruppen alle vier Teilbereiche bearbeiten.

Variante 2:
Verteilen Sie die Bearbeitung der Teilbereiche in jeweilige Kleingruppen. Hier ist es sinnvoll, dass jeweils zwei Gruppen den gleichen Teilbereich bearbeiten (Sie brauchen also acht Gruppen).

Dann tragen Sie die Ergebnisse auf einem Flipchart oder je nach Menge auch auf vier Flipcharts zusammen. Das zweite Vorgehen ist vor allem dann von Vorteil, wenn Sie gemeinsam entscheiden, in welchem Teilbereich Sie sich Projektideen überlegen möchten, die diesen Teilbereich stärken bzw. bearbeiten sollen. Wenn Sie in einem längeren Zeitraum alle Teilbereiche bearbeiten wollen, können Sie das jeweilige Flipchart sichtbar in den Mittelpunkt hängen, während die anderen im Hintergrund bleibe.

Haben Sie diese Analyse durchgeführt, geht es direkt weiter:

Name der Übung: Es kann losgehen ...

Beschreibung:
Ein Projekt und/oder Training beginnt somit nicht am ersten Tag der Durchführung selbst, sondern bereits bevor das Projekt überhaupt entsteht. Wenn Sie Lust haben auf ein erlebnispädagogisches Projekt mit Ihren SchülerInnen: Nach der SWOT-Analyse haben Sie einiges an der Hand, um loszulegen. Betrachten Sie die Ergebnisse noch einmal und notieren Sie Ihre ersten Gedanken zu folgenden Fragen:
- Was brauchen die SchülerInnen?
- Wie groß ist deren eigene, wirkliche Priorität für das Thema?
- Was könnte das Ziel sein?
- Wer hat den Bedarfen Priorität zugesprochen? Die SchülerInnen oder Personen außerhalb der Klasse? Sie? Bekommen beispielsweise Ihre SchülerInnen/Ihre Klasse immer wieder zu hören, Sie seien die lauteste Klasse der Schule und haben aus diesem Grund dieses Verhalten als Schwäche identifiziert, welche sie angehen wollen?
- Inwiefern werden die Bedürfnisse und Wünsche der SchülerInnen berührt? Wie involviert waren sie in der Bedarfsanalyse?
- Was sind die Probleme der SchülerInnen? Was sind aktuelle Probleme in der Klasse? Wer hat diese Probleme identifiziert?
- Was sind die Gründe für die Probleme? Wer hat die Gründe benannt?

Denken Sie bitte bei der Beantwortung dieser Fragen an das kleine Zahlen- und Buchstabencodeexperiment. Machen Sie nicht Ihre Bedürfnisse und Wünsche zu denen der SchülerInnen. Versuchen Sie diese eher aufzudecken und zumindest für sich selbst offenzulegen.

Eine Analyse wie die gerade vorgestellte kann für viele SchülerInnen zu abstrakt sein, wenn sie auf diese Weise durchgeführt wird. Der Zugang findet auf einer kognitiven Ebene statt. Um handlungs- und erlebnisorientiert in das Thema einzusteigen, lassen sich tatsächlich viele Übungen verwenden. Hier möchte ich Ihnen ein Beispiel geben, wie das aussehen kann:

Name der Übung: Ziehen und Zerren

Zeit/Dauer:
20–30 Minuten

Gruppe:
Ab 10 Jahre, bis zu 25 Personen

Material:
Kurzes Kletterseil, ca. 25 m

Schwerpunkte/mögliche Lernziele:
Kooperation, Ziele thematisieren, Konsens schaffen, Bedürfnisse klären

Beschreibung:
Das Seil wird verheddert in die Mitte des Raums gelegt. Die Klasse kommt dort zusammen. Dann suchen die SchülerInnen je ein Ziel im Raum, zu dem sie gern hingehen möchten. Dann ergreift jedeR mit einer Hand das Seil an einer beliebigen Stelle. Die Aufgabe ist jetzt, das Ziel zu erreichen, ohne die Hand vom Seil zu lösen oder am Seil zu verschieben.

Mögliche Reflexionsansätze:
- Wie nah seid ihr eurem Ziel gekommen?
- Wie zufrieden seid ihr damit?
- Wie habt ihr euer Ziel gefunden?
- Wie wichtig war es für euch, an diesem Ziel festzuhalten? Hättet ihr es auch »aufgegeben«? Wenn ja, warum, wenn nein, warum nicht?
- Wie hätten andere Lösungen aussehen können?

Zusätzliche Informationen:
Erfahrungsgemäß versuchen die SchülerInnen, möglichst schnell und ohne Absprachen zu ihrem Ziel zu gelangen. Einige Gruppe entknoten das Seil, so gut es geht, danach jedoch strebt jedeR nach dem eigenen Ziel. In ganz seltenen Fällen kommen die SchülerInnen auf die Idee herauszufinden, welche Ziele die Einzelnen haben, sich abzusprechen und eine Lösung zu finden, mit der alle zufrieden sind. Diese Übung bietet eine gute Grundlage zur Thematisierung von unterschiedlichen Bedürfnissen und wie diese zu aller Zufriedenheit erfüllt werden können. Damit kann sie sehr gut am Anfang einer Einheit stehen und die Möglichkeit bieten, eine bedürfnisorientierte »Klassenkultur« zu etablieren.

Quelle:
Annette Reiners, Praktische Erlebnispädagogik 2

Solche oder ähnliche Übungen bieten einen guten Einstieg, um daran die SWOT-Analyse anzuschließen. Der Vorteil von »Ziehen und Zerren« ist, dass sie gleichzeitig auf das nächste Kapitel vorbereitet. Auch bei den SMART-Goals können Sie an Erfahrungen anknüpfen, die die SchülerInnen in der Übung gemacht haben.

2.2 ... zu gemeinsamen Zielen

Sie sollten nun genügend Anhaltspunkte haben, um sich weiter auf den nächsten Schritt zu stürzen. Danach haben Sie schon einen relevanten Teil der Arbeit hinter sich. Jetzt geht es darum, dass Sie persönliche und/oder gemeinsame Ziele finden und formulieren. Schauen Sie dafür auf die Übung »Ziehen und Zerren«. Was haben die SchülerInnen in der Reflexion geantwortet? Wie haben sie ihre Ziele gefunden und festgelegt? Wie tun sie dies im »wirklichen Leben«?

Name der Übung: SMART-Goals

Was bedeutet SMART?

Spezifisch
Ziele so konkret und spezifisch wie möglich formulieren

Messbar
Qualitative und quantitative Messgrößen bestimmen

Attraktiv
So planen, dass Sie Lust haben, das Ziel zu realisieren

Realistisch
Machbarkeit der Aufgabe innerhalb der Zeit und mit den vorhandenen Mitteln

Terminiert
Ziele zeitlich bindend planen: Was ist bis wann zu erledigen?

Ideen, um ein Arbeitsblatt zu entwerfen:
Mein Ziel ist:
Ich weiß, dass ich mein Ziel erreicht habe, wenn ...
Wenn ich mein Ziel erreicht habe, habe ich gelernt ...
Das Tolle an meinem Ziel ist ...
Um mein Ziel zu erreichen, werde ich (folgende drei, fünf, sieben etc.) Dinge tun:
Dafür brauche ich ...
Ich habe mein Ziel bis zum ... erreicht.
Was können wir gemeinsam in der Klasse tun/unternehmen ... damit ich dieses Ziel erreichen kann?
Dafür brauchen wir ...

Beschreibung:
Wollen Sie mit Ihren SchülerInnen gemeinsam SMART-Ziele auf Grundlage der vorhergegangen Analyse entwickeln, empfehle ich Ihnen, sich zunächst auf einen Teilbereich zu beschränken. Wollen die SchülerInnen Ihre Stärken betonen? Ihre Schwächen verbessern? Gefährdungen verhindern? Zu einer Einschätzung können Sie beispielsweise mit Klebepunkten eine Bewertung der SchülerInnen einholen.

Hinweise:
Die SMART-Goals können Ihnen helfen, um die Ergebnisse aus der SWOT-Analyse auf den Punkt zu bringen. Dabei ist es möglich, dass Sie Ihre eigene Analyse zu Zielen umformulieren. Sie können ebenso SMART-Goals mit der gesamten Klasse entwickeln, an denen Sie sich für Ihr Projekt orientieren wollen, welches nun bald entsteht. Denn nach dieser grundlegenden Arbeit wird es spielerisch und kreativ: Wie können sie gemeinsam ein Projekt (eine Aktion) entwickeln, welches auf die von ihnen formulierten Ziele hin arbeitet? Was kann das sein?
Falls Sie Lust dazu haben, bietet sich in diesem Moment eine Einheit zum Thema »Bedürfnisse und Gefühle« an. Denn Gefühle – und ihre Hinweise auf erfüllte oder nicht erfüllte Bedürfnisse – sind oftmals ein Gradmesser bei der Entstehung von Zielen. Hier empfehle ich Ihnen folgende Lektüre:

Tipp zum Weiterlesen:
Marshall B. Rosenberg: Gewaltfreie Kommunikation

Als Einstieg kann ich Ihnen diese Übung ans Herz legen:

> **Name der Übung: Gefühle sammeln**
>
> **Beschreibung**
> Erstellen Sie eine Gefühlesammlung. Nehmen Sie sich in den nächsten sieben Tagen regelmäßig Zeit dafür, den eigenen Gefühlen auf die Spur zu kommen. Und notieren Sie, auf welche Sie treffen. Vergrößern Sie die Vielfalt Ihrer Liste gern durch Recherchen, Wörterbücher, Gespräche.
>
> Falls es Ihnen liegt, malen Sie die Gefühle. Dafür können Sie einen Körperumriss in Ihr Lerntagebuch zeichnen und die Gefühle so verorten. Es können Farben, Gegenstände, Sätze, Worte etc. sein.

Auch mit ihren SchülerInnen können Sie diese Übung durchführen. Besonders mit jüngeren Kindern habe ich die Erfahrung gemacht, dass sie große Freude daran haben, ihre Gefühle künstlerisch darzustellen. Dafür nutze ich den Körperumriss (er kann entweder als Formblatt vorgegeben und kopiert sein oder schon selbst aufgezeichnet werden. Falls Sie ein Formblatt wählen – zum Beispiel mit einem Umriss aus dem Internet – achten Sie darauf, dass er möglichst unspezifisch ist oder geben Sie unterschiedliche Umrisse mit verschiedensten Körperformen zur Auswahl). Falls Sie den Eindruck haben, dass einige SchülerInnen nicht selbstständig darauf kommen werden, welche Gefühle es gibt, können Sie mit einer »Gefühlssammlung« in der gesamten Gruppe (auf der Tafel, Flipchart o. ä.) starten.

2.3 Lernbegleiterin: Die Emotion

Warum ist es mir wichtig, Gefühle und Emotionen im Unterrichtsalltag einzubringen? Dafür stelle ich diese Aussage in den Mittelpunkt: Das Gehirn kann nur eines nicht, nicht lernen! Denn wenn wir uns mit den Voraussetzungen für Lernen beschäftigen, sind Neurowissenschaften eine fruchtbare Brille. Die Bereiche von Kognition, Emotion und Motivation spielen in der neurowissenschaftlichen Forschung eine grundlegende Rolle. Sie werden hier bezüglich ihrer Verknüpfungen und Repräsentation im Gehirn thematisiert. Allerdings lässt sich zum derzeitigen Forschungsstand zunächst einmal sagen, dass die gewonnenen Erkenntnisse mit Vorsicht zu genießen sind. Bislang können sie häufig als eine weitere, zusätzliche Erklärung für bereits bekannte Phänomene gesehen werden.

> Wir halten fest: Die Emotion [...] wird rehabilitiert. [...] Emotionen müssen ernst genommen werden, bilden sie doch die anerkannte, vernünftige Basis jedweder rationalen Entscheidung. Emotionen und was wir von diesen bewusst wahrnehmen, nämlich Gefühle, sind die neurobiologischen Treiber beim Menschen; sie bereiten Handlungen vor und sind Schlüsselfaktoren für Entscheidungen. Die Psychologen haben das schon immer vermutet. Die Neurowissenschaftler können es jetzt belegen. Der Erlebnispädagogik kann das nur recht sein. Sie hat immer schon auf das Erlebnis gesetzt, quasi die Verlaufsform der Emotion. Nun erhält sie von den Neurowissenschaftlern eine Steilvorlage zur rationalen Legitimation.
> Heckmair/Michl, 2008, http://www.die-bonn.de/id/9140

Was von Heckmair und Michl hier so euphorisch angenommen wird, sollte einer ausführlicheren Prüfung unterzogen werden. Bislang sehe ich eher eine andere Erklärungsmöglichkeit – mit Hilfe einer weiteren Brille. Eine »rationale Legitimation« kann aus den pädagogischen, psychologischen oder soziologischen Betrachtungsweisen hergeleitet werden. Im Weiteren sollen noch ein paar mehr neurobiologischen Erklärungen aufgezeigt werden.

Lernen braucht emotionale Erlebnisse
Wie bereits mehrfach betont wurde, erkennen Braun, Meier und Herrmann (in Herrmann 2006) an, dass Denken und Emotionen unmittelbar miteinander verknüpft sind. Das bedeutet, ein besonders emotionales Ereignis wird später wesentlich intensiver erinnert. Mehr noch: Sind Ereignisse emotional gefärbt, ist eine Person beispielsweise beim Lernen in positiver Stimmung, verbessert sich die Erinnerung wesentlich. Wahrscheinlich gilt dieser Einfluss nicht lediglich bei Erinnerungsleistungen, sondern bei kognitiven Prozessen insgesamt. Herrmann folgert daraus, dass die Intensität eines Erlebnisses das Lernen ohne lange Wege der Wiederholung und Übung bewirkt. Zusätzlich geht er davon aus, dass eine aktive, innere Beteiligung der SchülerInnen einen wesentlichen Einfluss auf Engagement und Interesse hat und zu nachhaltigen und besseren Arbeits- und Lernergebnissen führen.

> Interesse wird geweckt durch Interessantes, Unerwartetes, Überraschendes, Erklärungsbedürftiges: der Neuigkeitsdetektor (Spitzer) wird in Gang gesetzt. Tunlichst sollten damit positive Empfindungen bzw. Erfahrungen verbunden sein oder verbunden werden können. Informationen ohne diese Verpackung, ohne diesen Anregungsgehalt, gehen im Alltagsrauschen der Informationsaufnahme und Löschung unter. Herrmann 2006, S. 122

Wenn wir also Entscheidungen über persönliche und gemeinsame Ziele treffen, kommen wir an einer Beschäftigung mit Gefühlen ebenso wenig vorbei, wie bei den Gedanken zu einer Organisation der Lerngelegenheiten.

2.4 Der Lernzyklus

Wir sind nun an einem wichtigen Punkt in unserem Lernprozess angekommen. Sie haben bereits erste große Schritte gemacht. An dieser Stelle möchte ich so etwas wie einen kleinen Zwischenstopp einlegen, einige Reflexionsfragen in den Raum stellen und Ihnen den sogenannten Lernzyklus vorstellen. Er hilft mir, meine Programme und Seminare vorzubereiten, zu planen und durchzuführen. Im Großen und Ganzen ist dieses Handbuch an ihn angelehnt.

Zunächst also ein paar Reflexionsfragen zum aktuellen Stand für Sie: Am Anfang des Buchs habe ich versucht, auf Ihre eigenen Erfahrungen mit »Erlebnissen« zurückzugreifen. Schauen Sie auf die Beantwortung im ersten Kapitel und lassen Sie Ihre Aufzeichnungen auf sich wirken. Nun schauen Sie auf die nächsten Schritte und Fragen. Eine Möglichkeit ist es, sie in Ihrem Lerntagebuch zu beantworten.

1. Klären der Motivation
- Warum möchte ich überhaupt Erlebnispädagogik in der Schule anwenden?
- Welche Bilder habe ich dazu?
- Möchte ich damit Stärken betonen, Schwächen verbessern, Gefährdungen vermeiden oder Chancen nutzen? Handelt es sich dabei um Stärken, Schwächen, Chancen und Gefährdungen der SchülerInnen oder von mir selbst?

In meinem Fall hängt beispielsweise die Motivation als Erlebnispädagogin direkt mit meinen Erfahrungen mit Erlebnissen und Abenteuern zusammen. Lernprozesse, die in diesen Momenten und im Nachhinein abliefen, haben sich nachhaltig verankert, meine Haltung und mein Bewusstsein berührt und verändert. Dies führt mich zu dem nächsten Punkt.

2. Haltung
- Was ist Ihre persönliche Haltung?
- Nach welchen Werten gestalten Sie den Schulalltag?
- Sind Sie LehrerIn, BegleiterIn, GestalterIn, TrainerIn? Oder etwas ganz anderes? Wodurch kennzeichnet sich Ihre jeweilige Haltung?

Dieses Thema habe ich bereits hier und dort gestreift. In nächsten Kapitel werde ich es ausführlicher betrachten.

3. *Meine Rollen*
- Welche Rollen nehmen Sie ein?
- Welche Rollen sind Ihnen in der Schule vorgegeben? Welche wählen Sie selbst?
- Wie können Sie diese zu Ihren eigenen Rollen machen?

Auch dazu werde ich bald kommen. Denn gerade im Bezug darauf, welche Rollen im »System Schule« eingenommen werden, ergeben sich grundsätzliche Fragen und Unwägbarkeiten bezüglich einer Vereinbarkeit von Erlebnispädagogik und Schule.

An dieser Stelle möchte ich Ihnen den sogenannten Lernzyklus vorstellen:

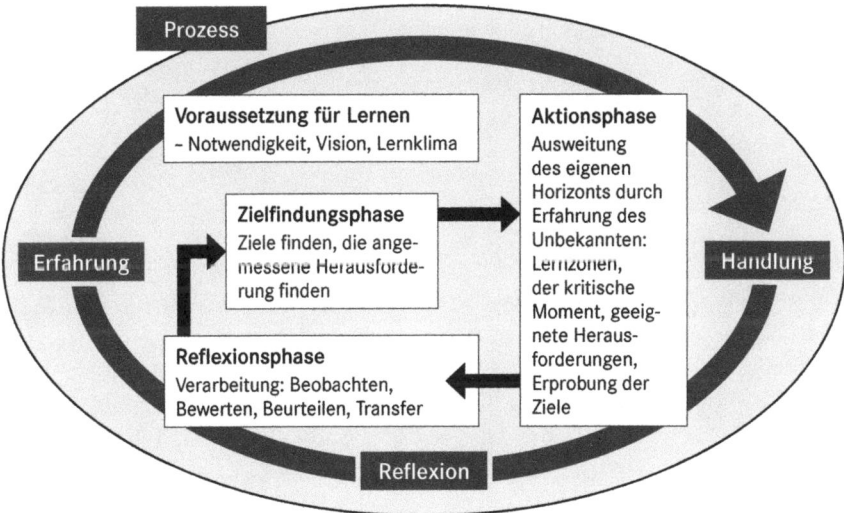

Abb. 6: Lernzyklus

Wir haben bereits versucht, durch die WUPs und das spielerische Kennenlernen ein angenehmes Lernklima zu schaffen. Die Notwendigkeit der Lerninhalte wurde durch die Orientierung an den Interessen und Bedarfen der SchülerInnen sichergestellt (SWOT-Analyse). Auch den Bereich der Zielfindung haben wir mit den SMART-Goals formuliert und abgehakt. Jetzt stehen wir also kurz vor der Aktionsphase. Davor möchte ich jedoch noch auf die oben angesprochenen zwei fehlenden Punkte eingehen: die eigene Haltung und Ihre Rolle als LehrerIn.

3 Werte und Vielfalt erleben

In diesem Kapitel steht ein wichtiges Thema der erlebnispädagogischen Arbeit im Mittelpunkt. Wie bereits angedeutet, ist es für mich ein wesentlicher Bestandteil, die Haltung zu klären, mit welcher ich den SchülerInnen begegnen möchte. Dafür spielt die Orientierung an den eigenen Werten eine besondere Rolle. Sie erhalten einen zusammenfassenden Einblick, auf welcher theoretischen Grundlage ich meine Haltung und Werte in den vergangenen Jahren entwickelt habe. Außerdem biete ich Ihnen (natürlich) wieder Übungen an, die mich in diesem Prozess unterstützt haben, dies bei Ihnen auch tun können und des Weiteren mit Ihren SchülerInnen durchgeführt werden können. Vorausgesetzt, sie entsprechen deren Erkenntnis- und Lerninteressen …

> Die Forderung, daß Auschwitz nicht noch einmal sei, ist die allererste an Erziehung. Sie geht so sehr jeglicher anderen voran, daß ich weder glaube, sie begründen zu müssen noch zu sollen. Ich kann nicht verstehen, daß man mit ihr bis heute so wenig sich abgegeben hat. Sie zu begründen, hätte etwas Ungeheuerliches angesichts des Ungeheuerlichen, das sich zutrug.
>
> Adorno 1977, S. 8516

Erlebnispädagogische Ansätze haben ihre Wurzel in einer reformpädagogischen und geisteswissenschaftlichen Pädagogik. Sie war zur Zeit der Weimarer Republik wesentlich und bestimmend. Diskutiert werden kann und muss meiner Meinung nach, wie diese Form der Pädagogik – als Erziehungs- und Bildungswissenschaft – im Zusammenhang steht mit der Machtergreifung der Nationalsozialisten. Inwiefern muss sie sich den Vorwurf gefallen lassen, »unpolitisch« oder gar blind für gesellschaftliche Entwicklungen gewesen zu sein? Ähnlich wie andere Reformpädagogen war Kurt Hahn einer völkisch-nationalistischen Tendenz nicht abgeneigt. Trotzdem wird er oftmals als »Vater« der Erlebnispädagogik zitiert. Heutige Konzepte lehnen sich an seine »Erlebnistherapie« an. Selten werden dabei Kontinuitäten bezüglich des NS überhaupt thematisiert und diskutiert. Ich bin der Meinung, dass eine solche Voraussetzung nicht ignoriert werden kann, nicht ignoriert werden sollte. Sondern im Gegenteil transparent diskutiert werden muss.

Im aktuellen Zeitgeschehen wird eine Zunahme extrem rechter und rechtspopulistischer Tendenzen deutlich (vgl. z. B. Kriminalstatistik – https://www.bka.de/DE/AktuelleInformationen/StatistikenLagebilder/PolizeilicheKriminalstatistik/pks_node.html; Bericht des Verfassungsschutzes – https://www.verfassungsschutz.de/de/oeffentlichkeitsarbeit/publikationen/verfassungsschutzberichte; Parteiprogramm der Alternative für Deutschland und ihr Erfolg bei den Bundestagswahlen – https://www.afd.de/programm/langversion/etc.). Im Rahmen von Erlebnispädagogik in der Schule (als Sozialisationsinstanz) geht es um eine Vermittlung und Einübung demokratischer Verhaltensweisen und Ideen. Eine Verbindung zwischen diesen und der Erlebnispädagogik muss also auf den Prüfstand kommen. Wie kann sie als Verfahren mit demokratischen Schwerpunkten eingesetzt werden? Was muss dabei beachtet werden? Wie können demokratische Lernprozesse initiiert und begleitet werden? Demokratie ist orientiert am Anspruch eines selbstbestimmten, freien Lebens, dem Schutz von (so genannten) Minderheiten, der Orientierung an vielfältigen Bedürfnissen und Voraussetzungen und einem empathischen, gewaltfreien Umgang miteinander. Außerdem ist ein demokratischer Lernprozess in Richtung auf Emanzipation, Vergrößerung der eigenen Spielräume (im Zusammenspiel mit den Mitmenschen) und Handlungsfähigkeit ausgelegt und nicht auf Funktionieren und Beibehaltung eines Status quo. Mit diesen Schwerpunkten werden wir uns im weiteren Verlauf auseinandersetzen.

In Adornos Aussage wird deutlich, dass eine Erlebnis-»Pädagogik« dann die Chance zum Erfolg hat, wenn sie gleichzeitig in einen politischen und soziologischen Kontext eingebunden ist. Die pädagogische Sichtweise reicht nicht aus, um eine ideologische Eingebundenheit zu analysieren, offenzulegen und kritisch zu hinterfragen. Einen Grund dafür sehe ich wie Bernhard/Rothermel in der Einleitung ihres Handbuchs *Kritische Pädagogik* in dem

> gegenwärtigen Zustand der Erziehungs- und Bildungswissenschaft, den wir als Verlust der wissenschaftlichen Kritikfähigkeit gegenüber der Gesellschaft und zugleich als Verlust ihrer gesellschaftspolitischen Verantwortung bezeichnen. [...] Wir vermissen in der Einführungspublizistik die durchgängig gesellschafts- und politikkritische Perspektive sowohl auf die Erziehungswissenschaft selbst als auch auf die Praxis von Bildung und Erziehung, die doch wohl als Grundvoraussetzung pädagogischen Handelns angesehen werden muss.
>
> Bernhard/Rothermel 1997, S. 11

An diesem Punkt möchte ich auf die Frage nach Ihren Werten und Ihrer Haltung zurückkommen. Es ist deutlich geworden: Werte und Haltung sind in der erlebnispädagogischen Arbeit wesentlicher Grundbestandteil dessen, wie Prozesse organisiert und gestaltet werden. Inwiefern Ihre Rolle als LehrerIn einen Einfluss darauf hat, werde ich im nächsten Kapitel genauer beleuchten. Welche Werte sind die Grundlage für Ihre Tätigkeit?

Werte und Vielfalt erleben

> **Name der Übung: Auf Werte-Suche ...**
>
> **Beschreibung:**
> Hier können Sie wieder Ihr Lerntagebuch verwenden. Wenn Sie mehr Platz brauchen, bietet sich auch ein A3-Blatt an. Außerdem benötigen Sie Zeichenutensilien (der Auswahl sind hier keine Grenzen gesetzt), Scheren und viele verschiedene Zeitschriften, Zeitungen, Kataloge und Ähnliches. Mithilfe der bereitgestellten Materialien entwerfen Sie ihr eigenes Wertebild.
>
> Was ist Ihnen wichtig/wertvoll? In unserem Zusammenhang bietet sich natürlich an, die Fragestellung auf den konkreten Kontext Arbeit/Berufsfeld zu beziehen. Eine Variante dieser Übung: Sie zeichnen einen Baum mit vier Wurzeln. In diese tragen Sie die vier Werte ein, die in Ihrem Leben/in Ihrem Beruf grundlegend sind. Aus diesen Wurzeln entstehen bis zu zehn Äste. Dort befinden sich Werte, die Ihnen zwar wichtig, jedoch nicht ausschlaggebend sind. Zur Not könnten Sie eine gewisse Zeit ohne sie leben. Die Blätter an den Ästen beinhalten die konkreten Situationen und Kontexte, mit denen Sie diese Werte verbinden. Auch diese Variante lässt sich hervorragend als Collage gestalten.
>
> **Mögliche Leitfragen:**
> - Was wird Inhalt einer Rede zu Ihrem 100. Geburtstag sein? Was möchten Sie dann hören? Wofür soll Ihr Leben stehen? Was inspiriert Sie? Was liegt Ihnen wirklich am Herzen?
> - Was bedeutet dieses Wort/dieser Wert für mich? Wie würde es sich anfühlen, wenn dieser Wert einen Tag lang ignoriert würde?
> - Recherchieren Sie. Es gibt noch unendlich viele weitere Fragen und/oder Übungen, mit denen Sie sich auf die Suche begeben können ... Außerdem können manchmal Listen hilfreich sein, wenn Sie wenige Vorstellungen davon haben, welche Werte existieren.

Schauen Sie noch einmal auf Ihre SMART-Goals zurück. Haben Sie sich bei der Festlegung Ihrer Ziele von Ihren Werten leiten lassen? Oder haben Sie sich an Regeln orientiert, die nicht Ihre eigenen sind? Warum?

Ging es Ihnen bei der Festlegung auf ein Ziel um Anerkennung/Wertschätzung von außen oder wollten Sie bestimmte Konsequenzen/unangenehme Konsequenzen vermeiden?

Wenn Sie feststellen, dass Ihnen Bedeutung oder Sinn in Ihrem Ziel mangelt, finden Sie heraus, ob Sie sich wirklich an Ihren Werten orientiert haben. Und falls Sie bereits mit Ihrer Klasse in einen Prozess gestartet sind, überprüfen Sie, ob die SchülerInnen eine Vorstellung davon hatten, an welchen Werten sie sich orientiert haben. Kommen Sie ins Gespräch. Im Übrigen lässt sich die gerade beschriebene Übung genauso mit Ihren SchülerInnen durchführen ... Sie können auch auf Ihre Porträts schauen, falls Sie sich dort mit der Frage: Was ist dir wichtig? beschäftigt haben und daran anknüpfen.

4 Erlebnispädagogik und Schule – eine Frage der Rolle?!

Schule dient der Herstellung der Handlungsfähigkeit, der Selbststeuerungsfähigkeit und der sozialen Teilhabefähigkeit des Individuums auf persönlicher Ebene. Es werden soziale Verhältnisse reproduziert, der Aufenthalt in der Schule hat konkrete Konsequenzen für die Gesellschaft. Schule hat Verbindungen zu dem sozialen, politischen System, in dem sie sich befindet.

In der Sozialisationsforschung wird das Augenmerk unter anderem auf die Orte gelegt, an denen Sozialisationsprozesse stattfinden. Dem Bildungswesen können zwei wesentliche Aufgaben zugeordnet werden: Einerseits soll dort die Vorbereitung auf eine zukünftige Berufstätigkeit stattfinden. Andererseits gelten Bildungsinstitutionen als Ort der gesellschaftlichen Integration. Sie sind eine wichtige Sozialisationsinstanz. Daraus ergibt sich konsequenterweise eine Verflechtung des pädagogischen und sozialen/politischen Feldes. Politische, strukturelle Gegebenheiten haben einen Einfluss darauf, was in Bildungsarbeit geschieht. Sei es bei den EntscheidungsträgerInnen und deren Perspektiven oder bei Fragen nach der Struktur des Ortes, an dem gelernt wird, und den Themen, die gelehrt werden: explizit und implizit.

4.1 Grundbegriff: Sozialisation

Fend (1974) geht davon aus, dass Sozialisation eine Doppelfunktion erfüllt. Einerseits auf der Ebene des Individuums: Es wandelt im Rahmen von Lernprozessen alles um, was es durch Interaktion und Kommunikation mit seiner Umwelt aufnimmt. Auf diese Weise wird es handlungsfähig. Er rückt gleichzeitig die Gesellschaft in den Fokus. Sozialisation vermittelt die Reproduktion, Weitergabe und Einflussnahme auf das gesellschaftliche System, in dem sich die Person befindet. Es kann also von einer wechselseitigen Einflussnahme ausgegangen werden. Das soziale System überlebt und funktioniert über Generationen hinweg. Eine Grundfrage der Soziologie ist demnach, wie ein soziales Zusammenleben möglich sein kann, obwohl fortlaufend neue Mitglieder in dieses System integriert werden müssen.

> Die Sozialisationsforschung untersucht, wie im gesellschaftlichen Prozeß der Reproduktion das Individuum als soziales Wesen entsteht und welche Rückwirkungen dieser Prozeß auf die Bewahrung oder Veränderung der Gesellschaft und ihrer Subgruppen hat […]. Gesellschaftliches Zusammenleben macht eine Arbeitsteilung notwendig, die wiederum erfordert, daß einzelne Mitglieder ihre Rollen auszuüben in der Lage sind und sich gegenseitig auf die Ausübung komplementärer Rollen verlassen können. Diese

Kompetenzen und gemeinsamen Orientierungen werden im Prozeß der Sozialisation erworben.

Fend 1974, S. 15

In unserem Kontext entstehen aus dieser Theorie grundlegende Fragen. Der Sozialisationsprozess wird als Lernprozess aufgefasst, in dem Personen sich die Werte- und Normensysteme, sowie die dahinterstehenden Symbol- und Interpretationssysteme aneignen. Aus dieser Annahme kann sich die These entwickeln, dass ein erfolgreicher Sozialisationsprozess daran erkennbar ist, dass die Diskrepanz zwischen den gesellschaftlichen Norm- und Wertvorstellungen und denen des Einzelnen möglichst gering ist. Ein Erkennungsmerkmal wäre zum Beispiel ein an bestimmte Normen oder Werte angepasstes Verhalten.

Personen können sich in sehr unterschiedlichen Bezugssystemen aufhalten. Eine »erfolgreiche«, also widerspruchsfreie Sozialisation ist demnach nicht möglich. Welche Folgen könnte dies für die Einzelnen haben? In unterschiedlichen Anforderungen an eine Person können durchaus individuelle Freiheitsräume und Befreiungsmöglichkeiten gefunden werden. Vielfältige Erwartungssysteme eröffnen Wahlmöglichkeiten und die Chance, einzelne Erwartungen zu überdenken und zu relativieren. In solchen Sozialisationskonzeptionen sind Prozesse wie

> die Entstehung der Fähigkeit, Rollenambiguitäten zu ertragen, eine Identität auszubilden und persönliche Autonomie zu gewinnen, zentral. Das Gesellschaftsmodell, das eine solche Konzeption impliziert, ist insbesondere durch die Annahme pluralistischer Erwartungssysteme charakterisiert.
>
> Fend 1974, S. 21

Ein Stolperstein in der oben beschriebenen konformitäts-orientierten Sozialisationskonzeption ist die mögliche Zementierung des gesellschaftlichen Zustands. Sie

> gerät unter ideologiekritischer Perspektive in den Verdacht, legitimatorische Beiträge zur Stabilisierung des gesellschaftlichen Status quo zu leisten, indem sie die Übereinstimmung mit den bestehenden gesellschaftlichen Normen, Werten und Interpretationssystemen als theoretischen Bezugspunkt ihrer Analyse wählt.
>
> Fend 1974, S. 21

Es ist wichtig, ein Bild davon zu gewinnen, wie denn die Gesellschaft strukturiert ist, auf welche ich »hin sozialisiere«. Das Moment von gesellschaftlichen

Veränderungen kann sonst vollkommen verloren sein. Gerade die Entwicklung eines kritischen und nonkonformen Verhaltens ist ein wesentlicher Bestandteil dessen, was Erlebnispädagogik leisten kann und soll.

4.2 Warum Schulen?

Grundsätzlich lässt sich davon ausgehen, dass die systematische Unterrichtung, also die Entstehung von Schulen, einen Ursprung darin hat, dass sich Fähigkeiten nicht mehr einfach durch Teilnahme der jungen Generation am Leben der älteren Generation weitergeben ließen. Institutionen mussten demnach geschaffen werden, um Wissen zu transferieren und konservieren. Vielfach war ein weiteres Motiv, bestehende gesellschaftliche Verhältnisse zu konservieren.

Weniger häufig war technisches Wissen Teil der vermittelten Inhalte. Eher standen religiöses Wissen, historische, gesellschaftliche Gegebenheiten, sowie die Tradierung von mythologischer Rechtfertigung der Sozialstruktur auf den Lehr- und Stundenplänen.

> Tipp zum Weiterlesen
> Berthold, Michael/Schepp, Heinz-Hermann (Hg./2001): Die Schule in Staat und Gesellschaft – Dokumente zur deutschen Schulgeschichte im 19. und 20. Jahrhundert. 2. Aufl. Stuttgart: UTB

Was macht Schule heute aus? Gudjons (2016) unterscheidet folgende Schultheorien:

Makrotheorien	Mesotheorien	Mikrotheorien
→ äußere Organisationsstruktur der Schule im System	→ mittlerer Bereich zwischen Gesamtorganisation und Einzelschule	→ interne Interaktionsprozesse in der Schule
Organisationssoziologie	Theorien des Schullebens	Psychoanalytische Theorie
strukturell-funktionale Theorien	Schulentwicklungstheorien	Interaktionstheorie
Systemtheorie	Theorien zur Schulkultur	Lern- und Interaktionstheorie(n), Theorie der Unterrichtsmethoden
weitere …	weitere …	weitere …

Abb. 7: Schultheorien nach Gudjons (2016)

Die Grundlagen der Pädagogik und Psychologie, beispielsweise die Lerntheorien, können auf der Ebene des Individuums Einsichten bieten in das Funktionieren des Schulalltags. Allerdings

> werden SchülerInnen in modernen Schulen weitenteils als Individuen eingebunden: Auf die Belange und Probleme einzelner SchülerInnen kann durch die professionelle Beziehung zwischen Lehrenden und Lernenden prinzipiell fallspezifisch eingegangen werden. […] Andererseits erzeugen diese Mittel und Mechanismen der Individualisierung, die der Schule als Organisation zur Verfügung stehen, eine Zuschreibung von (Fehl-)Leistungen ausschließlich auf die SchülerInnen als Individuen, wodurch nach wie vor existierende soziale Unterschiede (Schicht- und Milieuzugehörigkeit, Geschlechtsstereotypen, Zugehörigkeiten zu Minderheiten) und ihre Konsequenzen auf Erfolg und Mißerfolg ausgeblendet werden.
>
> Langenohl in: Willems 2008, S. 831

Im nächsten Teil widme ich mich den Funktionen von Schule als Organisation oder System. Ich tue dies, um der Individualisierungstendenz, von der gerade die Rede war, etwas entgegenzusetzen: Schule vor allem einer strukturellen Betrachtung zu unterziehen.

4.3 Funktionen von Schule

Fend entwickelte in den 70er-Jahren eine umfassende Funktionsbeschreibung von Schule bezüglich der dortigen Sozialisationsprozesse. Auf diese wird in der neueren Literatur immer wieder Bezug genommen. In großen Teilen haben seine Analysen nichts an Aktualität eingebüßt, sondern lassen sich durchaus auf die heutige Situation übertragen. Fend unterscheidet zum einen die Sozialisation, welche in Schulen stattfindet, also die Fertigkeiten, die zu erlernen für das spätere Berufsleben relevant ist. Zudem steht im Mittelpunkt die Aneignung von Rollen und Rollenerwartungen. Zum anderen spricht er von einer Selektion bzw. Allokation durch das Schulwesen. Es werden soziale Differenzierungsprozesse eingeleitet.

Fends Analyse ist im Hinblick darauf interessant, dass Schule und Bildung oft mit Blick auf eine dieser Funktionen betrachtet wird. Ich möchte die Funktionen nutzen, um mit Ihnen herauszufinden, welche Rolle Sie eigentlich in der Institution Schule spielen (können und müssen).

Für unseren Kontext reicht es zunächst, einen Eindruck zu bekommen – und vor allem die Unterschiede herauszuarbeiten, die aus einem Wirken als

TrainerIn (in einem »freiwilligen, non-formalen) Bildungskontext und Ihrer Rolle als LehrerIn in der (staatlichen) Institution Schule hervorgehen.

4.3.1 Qualifizierungsfunktion

Unter Qualifizierung versteht Fend beispielsweise den Erwerb von Schrift, Sprache, spezifischen Berufsqualifikationen. Es sind Fertigkeiten und Kenntnisse, die für eine Ausübung im konkreten Arbeitskontext notwendig sind. Er macht zwei Ebenen der Qualifizierungsfunktion aus:
   Auf der quantitativen Ebene finden Diskussionen über die Verteilung von notwendigen Qualifikationen statt. Wiederzufinden ist diese Diskussion beispielsweise zum Thema Fachkräftemangel in Deutschland.

> **Tipp zum Weiterlesen**
> http://www.bamf.de/SharedDocs/Anlagen/DE/Publikationen/EMN/Studien/wp64-emn-bestimmung-fachkrafteengpaesse- und-bedarfe.pdf?__blob=publicationFile

Zur qualitativen Ebene zählt Fend die Entstehung von Curricula. Sie dienen der inhaltlichen Planung und Erzeugung von Qualifikationen. Ihre Entstehung hängt somit direkt damit zusammen, welche Qualifikationen als dienlich und wünschenswert angesehen werden. Überprüfen Sie den jeweiligen Rahmenlehrplan Ihres Bundeslandes auf Fragen wie die folgenden:

> **REFLEXIONSFRAGEN**
> - Werden im Rahmenlehrplan Themen wie Mitbestimmung, demokratische Bildung oder Vielfalt explizit thematisiert? An welcher Stelle und mit welche Implikationen?
> - Wo wird das Thema Handlungskompetenz angesprochen? Wie?
> - Was bedeutet dies für Sie als LehrerIn? Welche Möglichkeiten bekommen Sie dadurch?
> - Wo sind Ihre Spielräume (in der realen Umsetzung)?

Die Beantwortung dieser Fragen kann hilfreich sein, wenn Sie ein erlebnispädagogisches Projekt rechtfertigen wollen oder müssen. Alle Themen und Kompetenzen, die in diesem Buch aufgenommen sind, finden sich in verschiedenen Formen in den Rahmenlehrplänen wieder. Ihr Handeln lässt sich demnach hervorragend darin verorten!

> REFLEXIONSFRAGEN
> - Welche Rolle lässt sich aus der Qualifizierungsfunktion für die Lehrkraft ableiten?
> - Was sind demnach Ihre Aufgaben im Unterricht? Wo sind Grenzen und Spielräume?

4.3.2 Selektionsfunktion

Als Selektionsfunktion versteht Fend die Reproduktion sozialer Positionsverteilung. Zu den Mitteln dieser Zuordnung zählt er das Prüfungssystem, Notengebung und die Verleihung von Berechtigungen (z. B. Hochschulreife). Im dreigliedrigen Schulsystem erkennt er die alte ständische Verteilung sozialer Positionierungen. Wird auf Grundlage dieser Funktion über Schule diskutiert, werden oftmals Themen wie Bildungsgerechtigkeit, -chancen oder -mobilität in den Fokus genommen. Beispielhaft für solche Diskussionen: der nationale Bildungsbericht, der in Deutschland alle zwei Jahre veröffentlicht wird. Auf Grundlage dessen wurde eine Stellungnahme zur Chancengleichheit im deutschen Bildungssystem der UNESCO veröffentlicht. Dort wird im Rahmen der angesprochenen Selektionsfunktion des Schulwesens argumentiert.

> Der enge Zusammenhang zwischen sozialer Herkunft und Bildungserfolg ist weiterhin beständig und in allen Bildungsbereichen ausgeprägt. Dies bezieht sich sowohl auf Partizipationsmerkmale beim Zugang zu institutionalisierten Bildungsangeboten im frühkindlichen Bereich bis hin zur Weiterbildung im Erwachsenenalter als auch auf den Kompetenzerwerb.
> https://www.unesco.de/fileadmin/medien/Dokumente/Bibliothek/BlickwinkelMaaz_FINAL.pdf, S. 5

Die implizite, normative Annahme in diesem Bericht: Bildungszugänge und -chancen müssen gerecht, also gleich verteilt werden.

Welche Perspektiven lassen sich aus den skizzierten Entwicklungen im Bildungssystem ableiten, wenn es darum geht, den Zugang zu inklusiver, chancengerechter und hochwertiger Bildung sicherzustellen? Dies bedeutet für Deutschland unter anderem den Abbau von sozialen und migrationsspezifischen Ungleichheiten systematisch voranzutreiben, ohne dass es dafür eine Patentlösung gibt. Auch scheint die Einsicht wichtig, dass es überall auf der Welt, in jedem Bildungssystem, Chancenungleichheiten bei der Wahrnehmung von Bildungsangeboten, dem Kompetenzerwerb und bei erzielten Abschlüssen gibt.

ebd., S. 9

Daran anschließend werden verschiedene Forderungen und Vorschläge für einen Abbau von Ungleichheiten formuliert:
- Erweiterung und Ausbau vorschulischer Bildungs- und Betreuungsangebote im frühkindlichen Bereich,
- Erkennen von Defiziten in sprachlichen sowie weiteren für den Schuleintritt relevanten Kompetenzen und Fähigkeiten in der frühkindlichen Bildung/ in Freizeitangeboten,
- Kompensierung von Kompetenzrückständen in den Basiskompetenzen, kognitiven und sozialen Kompetenzen, Schaffung von Lernbedingungen, die die Entfaltung der eigenen Persönlichkeit ermöglichen innerhalb des Schulsystem,
- durchgängige sprachliche Förderung in allen Schulfächern sowie eine integrative Sprachförderung in der Berufsbildung,
- Umgestaltung des Unterrichtsgeschehens im Sinne einer flächendeckenden Umsetzung eines individuell fördernden Unterrichts als Voraussetzung für den Abbau von herkunftsbedingten Unterschieden,
- verstärkter qualitativer Ausbau im Sinne einer Entwicklung und Schärfung ganztagsschulischer Konzeptionen, folgend auf den quantitativen Ausbau des Ganztagsbereich,
- Deckung des Mehrbedarfs an Lehrkräften und sonstigem pädagogischen Personal, der aufgrund der nach Deutschland zugewanderten jungen Menschen bereits entstanden ist und besteht,
- Lösungen neben der klassischen Qualifizierung von Lehrkräften, die über ein Lehramtsstudium führt, kreative Ideen für Rekrutierung jenseits klassischer Ausbildung bei gleichzeitiger Qualitätssicherung,
- Öffnung des Bildungssystems und daran gekoppelte Flexibilisierung von Bildungsverläufen,
- Gestaltung von Schnittstellen individueller Bildungsverläufe, insbesondere zwischen dem ersten allgemeinbildenden (Haupt-)Schulabschluss, Berufsvorbereitung im Übergangssystem und Berufsausbildung,
- Integration der Schutz- und Asylsuchenden in das Regelsystem als Herausforderung und Suche nach einer dauerhaften Perspektive.

Auffällig ist, dass es in diesen Forderungen keinen Fokus auf die gesellschaftlichen und politischen Bedingungen, die Ungleichheiten (re-)produzieren, gibt. Vielmehr wird der Blick auf eine »Förderung des Individuums« gesetzt. Damit liegt die Verantwortung bei diesem. Ich denke, dass Diskussionen über Bildungszugänge und Chancengerechtigkeit ein wichtiger Teil der gesellschaftlichen Debatte sein sollten. Allerdings fehlt meines Erachtens – wie gerade exemplarisch dargestellt – oftmals die politische Perspektive. Und eine solche Betrachtung bleibt demnach auf diesem Auge blind.

Tipp zum Weiterlesen
Bildungsbericht 2016 http://www.bildungsbericht.de/de/bildungsberichte-seit-2006/bildungsbericht-2016/pdf-bildungsbericht-2016/bildungsbericht-2016

Stellungnahme zur Chancengerechtigkeit im deutschen Bildungssystem: https://www.unesco.de/fileadmin/medien/Dokumente/Bibliothek/Blickwinkel-Maaz_FINAL.pdf

REFLEXIONSFRAGEN
- Welche Rolle lässt sich aus der Selektionsfunktion für Sie ableiten?
- Welche (bewussten und unbewussten) Mittel und Mechanismen nutzen Sie, um diese Funktion zu erfüllen?
- Wo sehen Sie (zurzeit noch) Grenzen der Veränderung?
- Wo sind Ihre Spielräume?

4.3.3 Integrationsfunktion

Unter der Legitimations-oder Integrationsfunktion von Schule versteht Fend die Legitimation des jeweiligen, aktuellen politischen Systems.

> Wir gehen hier davon aus, daß es sehr unwahrscheinlich ist, daß in einem Schulsystem gegen die herrschende politische Kultur oder gegen das herrschende politische Regime erzogen wird. [...] Was wir für andere Länder, etwa für kommunistische oder für faschistische Regimes, klar sehen, wird für den eigenen Bereich gern geleugnet: daß das Schulsystem zur Legitimierung gesellschaftlicher Machtverhältnisse beiträgt.
>
> Fend 1974, S. 184

Ein Beispiel für diese Funktion ist (natürlich neben dem offensichtlichsten: dem Politikunterricht/politischer Weltkunde/Sozialkunde, ...) die Darstellung und Aufbereitung von Gesellschaft/aktuellem politischem System in den genutzten Materialien. Das möchte ich hier exemplarisch an Schulbüchern deutlich machen:

> REFLEXIONSFRAGEN
> Betrachten Sie Schulbücher ihrer Wahl:
> - Welche Realitäten werden dort abgebildet? Welche fehlen?
> - Was sollen die SchülerInnen explizit/implizit lernen? Was könnten sie dabei fühlen?
> - Welche Bilder/Stereotype sind Inhalt?
> - Wie sind die Zugänge zu dem vermittelten Wissens? Beziehen sie verschiedene Lerntypen ein? Werden spezielle Bedürfnisse berücksichtigt?

Weitere Infos zu dem Thema finden Sie in der Schulbuchstudie zu Migration und Integration.

Tipp zum Weiterlesen
http://www.bundesregierung.de/Content/Infomaterial/BPA/IB/Schulbuchstudie_Migration_und_Integration_09_03_2015.pdf?__blob=publicationFile&v=3

Es wird bereits deutlich: Die Integrationsfunktion steht im Verbund mit den vorher genannten anderen Funktionen. Allerdings ist sie nicht ausschließlich in dem offensichtlichen Rahmen von expliziten Lehrinhalten zu finden. Nach Fend gibt es indirekte und viel weniger durchschaubare Legitimationsprozesse. Sie können sich in den Normen des alltäglichen Schullebens, in den Haltungen der LehrerInnen oder den sozialen Situationen im schulischen Kontext widerspiegeln.

Wir wollen, kommenden Ausführungen vorausgreifend, einen Zusammenhang zwischen *Schulen und dem politischen System* einer Gesellschaft behaupten. Dieser Zusammenhang ist dann relativ leicht belegbar, wenn unter dem politischen System die verfassungsmäßig festgelegten und institutionalisierten staatlichen Verhältnisse verstanden werden. Die mit dem Begriff der Integrationsfunktion behauptete Beziehung wird dann unschärfer, wenn

> unter dem politischen System die *Gesamtheit der Herrschaftsverhältnisse* in einer Gesellschaft verstanden wird. *Die Integrationsleistung des Schulsystems bestünde im ersten Fall dann darin, die Schüler in einer Weise zu beeinflussen, daß sie die bestehenden politischen Verhältnisse erkennen, sie akzeptieren und sich ihren Forderungen gemäß verhalten lernen.* Damit ist gleichzeitig eine Legitimierung der bestehenden Machtverhältnisse verbunden, so daß durch das Schulsystem Anpassungsleistungen vollbracht werden.
>
> Fend 1974, S. 174

Integration und Legitimation haben somit die Ziele, die aktuelle Gesellschaft zu stabilisieren, komplementäre Rollenkomplexe zu erschaffen und Werte durch Sanktionen abzusichern. Doch wie lässt sich mit diesem Modell sozialer Wandel erklären? Wie kann eine Gesellschaft mit großen Interessenskonflikten umgehen und weiterbestehen? Welche Machtverhältnisse sind legitim?

Herrschaft spiegelt sich im sozialen Leben in unterschiedlichen Durchsetzungschancen von Interessen. Dies beinhaltet einerseits die Möglichkeit, eigene Interessen zum zentralen Problem zu erheben, und die Chance, bei Konflikten gewünschte Lösungen herbeizuführen. Herrschaft ist demnach auf der Achse von Macht und Ohnmacht zu verorten.

Die Reproduktion dieses zentralen Punktes eines politischen Systems – Verteilung von Macht und Privilegien – läuft nicht über Vererbung. Wichtiger Bestandteil ist das Implementieren eines Glaubens an diese Verteilung bei den einzelnen Menschen. Und dazu trägt Schule einiges bei.

> Die Legitimationsfunktion hat eine übergeordnete Bedeutung, da sie u. a. die Rechtfertigung schulischer Qualifizierungs- und Ausleseprozesse liefert. Als Kernpunkte dieser Rechtfertigung dienen die Ideologien der Leistungsgesellschaft und der Chancengleichheit. Da Schule soziale Ungleichheiten reproduziert, muß sie diese Ungleichheiten rechtfertigen. Dies geschieht dadurch, daß der Schüler täglich erlebt, daß den Ungleichheiten unterschiedliche Leistungen zugrunde liegen; jeder hat aber formell die gleiche Chance, diese Leistungen zu erbringen. Realisiert ein Schüler diese Chance nicht, so ist er selber dafür verantwortlich zu machen. Diese *individuelle Attribuierung* von Erfolg und Mißerfolg bei einer damit eingeschlossenen Anerkennung der Gerechtigkeit des Systems bildet den Kern schulischer Legitimationsbemühungen dafür, daß mit unterschiedlichen Qualifikationen auch unterschiedlich hohe soziale Positionen und damit Ungleichheiten reproduziert werden.
>
> Fend 1974, S. 196

> **REFLEXIONSFRAGEN**
> - Welche Rolle lässt sich aus der Legitimationsfunktion für Sie ableiten?
> - Über welche Mittel und Mechanismen verfügen Sie, um dieser Rolle nachzukommen?
> - Wo sind aktuell Grenzen, diese Rolle aufzulösen? Wo sind Ihre Spielräume?

4.4 Erlebnispädagogik und die Funktionen von Schule

Erlebnispädagogik kann im Rahmen aller drei Funktionen von Schule betrachtet und eingesetzt werden. Dies spiegelt sich beispielsweise in der Auswahl der Methoden, in der Art der Reflexion, den gesetzten Schwerpunkten, der Haltung der TrainerInnen bzw. LehrerInnen etc. wider. Es kann um Qualifikationen wie Teamfähigkeit oder Kooperation, Kreativität oder Problemlösefähigkeit gehen. In einer Studie von Boeger und Schut zu Erlebnispädagogik in der Schule wird diese Perspektive gewählt:

> Schulische Lernprozesse zielen nicht allein auf fachlich-kognitiven Wissenserwerb, sie haben vielmehr multikriterialen Charakter. So sind beispielsweise auch fächerübergreifende personale und soziale Kompetenzen fest in den meisten deutschen Lehrplänen verankert.
> Boeger/Schut 2005, S. 10

Sie bemerken, dass diese Kompetenzen und Fähigkeiten gleichzeitig eingebunden sind in den Legitimationscharakter von Schule. Und somit eine Weitergabe von Normen und Werten darstellen.

> Insofern soll Schule dazu beitragen, zwar individuelle Freiheit und Selbstbestimmung zu fördern (emanzipative Funktion), doch erfolgt dies im gesetzten gesellschaftlichen Rahmen, indem Schülerinnen und Schüler durch erworbene, überfachliche Kompetenzen wie Kooperationsfähigkeit, Konfliktfähigkeit und Verantwortungsübernahme als solche Mitglieder in die Gesellschaft hineinwachsen, die demokratische Grundsätze weitertragen (affirmative Funktion).
> ebd., S. 10

Im Hinblick auf diese »Schlüsselqualifikationen« wurde eine Untersuchung durchgeführt. Mit zwei 7. Schulklassen wurde ein halbes Schuljahr ein *project adventure* durchgeführt, empirisch begleitet und ausgewertet.

Project Adventure
Project Adventure ist ein erlebnispädagogischer Ansatz für Schulen. Er stammt aus den USA und wurde dort basierend auf Kurt Hahns »Outward Bound«-Schulen entwickelt. Auch in Deutschland gibt es mittlerweile mehrere Schulen, die mit diesem Konzept arbeiten. Grundsätzlich sind die Einheiten in sogenannten »Abenteuerwellen« aufgebaut. Sie starten mit dem Aufwärmen, dann einer Einheit und abschließender Reflexion. Wichtige Grundlage für die Arbeit ist ein »Wertevertrag«, welcher zu Beginn des Programms gemeinsam mit den SchülerInnen ausgearbeitet wird.

Tipp zum Weiterlesen
Jörn Reusch »Project Adventure«, Realschule Boxberg:
http://www.rsboxberg.de/bilder/projekt-adventure/index.html

Schlossbergschule Kappelrodeck
http://www.schlossbergschule-kappelrodeck.de/site/index.php/schulleben/project-adventure?showall=&start=2

Studie »Project Adventure«
In der Studie von Boeger und Schut ergab sich eine Stärkung des Selbstwertgefühls. Die teilnehmenden SchülerInnen bewerteten ihre Kontakt- und Umgangsfähigkeit höher, die Einschätzung der eigenen Standfestigkeit in sozialen Situationen wurde als stärker ausgeprägt erlebt. Außerdem waren die vermutete Wertschätzung der eigenen Person durch andere und die Beziehungen und Gefühle zu anderen im Vergleich mit der Kontrollgruppe stärker vorhanden.

Die eindrucksvollsten Effekte zeigten sich hinsichtlich der Kooperationsfähigkeit: Hier ergaben sich bei der Interventionsstichprobe [...] langfristige Veränderungen im Sinne eines signifikant geringeren Maßes an Wettbewerbsverhalten. Die Interventionsstichprobe nahm kontinuierlich ab in dem Bestreben zu verhindern, dass der andere gewinnt. [...] Besonders dieses Ergebnis beweist die Wirksamkeit der durch Erlebnispädagogik angestrebten Veränderungen in Bezug auf personale und interpersonale Fähigkeiten, die auch unter dem Begriff »emotionale bzw. soziale Kompetenz«

subsumiert werden (vgl. z. B. Salisch 2002, 31 ff.) und hier als sogenannte Schlüsselkompetenzen (Teamfähigkeit und Kooperationsfähigkeit) bezeichnet werden (Schleske 2001)

Boeger/Schut 2005, S. 88

Die sogenannten sozialen Kompetenzen finden ihren Eingang in selektive Prozesse wie Notengebung. Als »Kopfnoten« werden die »soft skills« auf Zeugnissen vermerkt. Sie sind so ein weiterer Mechanimus der Selektion.

4.5 Eine neue LehrerIn-Rolle?

Was sind also die Konsequenzen, wenn Sie als LehrerIn Erlebnispädagogik mit Schule verbinden? Wo sind die Möglichkeiten, wo sind die Grenzen, und was muss sich am schulischen Alltag verändern, dass Erlebnispädagogik dort ihren Platz finden kann? Ich möchte hier noch einmal wichtige Punkte zusammenfassen:

Ziele von Schule
In den meisten Fällen wird als klassisches Ziel der Schule ihr Bildungs- und Erziehungsauftrag angesehen. SchülerInnen sollen – auf Grundlage von Lehrplänen und Vorgaben – mit bestimmten Bildungsinhalten, Kompetenzen, Fähigkeiten etc. ausgestattet werden. Vor allem als Reaktion auf die Ergebnisse der PISA-Studien wird vielfach von einer Veränderung von Input-Orientierung (Stoffe, Inhalte) zu Output-Orientierung (Fähigkeiten, Kompetenzen) gesprochen. Sollten Sie diese Ziele als Grundlage für eine Verbindung zwischen Erlebnispädagogik und Schule sehen, gibt Ihnen die Analyse der jeweiligen Lehrpläne Anhaltspunkte. Allerdings ist hier zu beachten, dass die Ziele von Schule (auf der Ebene der Curricula) nicht auf den ersten Blick mit den Zielen der SchülerInnen übereinstimmen müssen. Hier habe ich gute Erfahrungen damit gemacht, den SchülerInnen einmal einen Lehrplan vorzulegen und ihnen somit offenzulegen, warum Sie manche Dinge tun (müssen). Daraus hat sich für mich schon die ein oder andere wertvolle Diskussion ergeben, welche Inhalte wie in den Schulalltag einfließen können.

Rollen und Arbeitsteilung
In Schulen existiert eine Arbeitsteilung zwischen verschiedenen (Fach)LehrerInnen, ErzieherInnen, SozialpädagogInnen, SchülerInnen, HausmeisterInnen, Reinigungspersonal etc.

Das bedeutet im schulischen Kontext beispielsweise, dass die Rolle eines/r BiologielehrerIn unabhängig von der konkreten Person, die in einem gegebenen Zeitraum diese Rolle ausfüllt, gebildet wird, weil die Position, die diese Rolle definiert, in der Organisation vorgesehen ist und besetzt werden muss.

Langenohl in: Willems 2008, S. 820

Das bedeutet, dass die sozialen Rollen, und somit die Arbeitsteilung, in der Schule gebunden sind an fachliche Anforderungen. Als wichtigen Punkt möchte ich hier noch anfügen, dass die Definition sozialer Situationen durch die Rollenerwartungen vorstrukturiert ist.

Erlebnispädagogik kann Gesprächsanlässe und Übungen bieten, über welche Sie Ihre eigenen Rollen hinterfragen und mit Ihren SchülerInnen thematisieren können. Betrachten Sie noch einmal Ihre Ausführungen zu den Rollen, die mit den verschiedenen Funktionen von Schule verbunden sind. Eventuell sind Sie zu einer ähnlichen Aufstellung gelangt wie dieser hier:

LehrerInrolle	Hauptziele	Wichtige Fähigkeiten
AufseherIn	Klarer Verhaltenskodex wird überwacht, Selektion, Intervention und Sanktion, juristische Hauptverantwortung	Juristische, medizinische und sozialpädagogische Grundkenntnisse; Sanktionserfahrung; Kommunikationsfähigkeit; Risikopräventions- und Interventionserfahrung; körperliche und/oder sozialkommunikative Kraft; Mediationsfähigkeit
ExpertIn	Vermittlung von Informationen, Begriffen und Perspektiven des Faches bzw. des Bereichs	Zuhören, fachliche Vorbereitung, Unterrichtsorganisation und Darbietung von Lehrmaterialien, Beantwortung von Fragen
Formelle Autorität	Ziele setzen und Verfahren bestimmen, um Ziele zu erreichen	Festlegung der Struktur und der Qualitätsmaßstäbe, Evaluation des Resultats
Sozialisations-AgentIn	Ziele und Karriereperspektiven für die Zukunft sichtbar machen, SchülerInnen darauf vorbereiten	Belohnungen und Erwartungen betonen, die von der Mehrheit der FachwissenschaftlerInnen akzeptiert werden
UnterstützerIn	Kreativität und Entfaltung gemäß Selbstverständnis der SchülerInnen fördern, Lernschwierigkeiten überwinden	SchülerInnen entwickeln, Bewusstsein ihrer Interessen und Fähigkeiten schärfen, Einsicht und Problemlösefähigkeit fördern; Blockaden abbauen

LehrerInrolle	Hauptziele	Wichtige Fähigkeiten
Ego-Ideal	Begeisterung und Wertschätzung für intellektuelle Forschung in einem speziellen Bereich vermitteln	Erreichen von Zielen durch Mühe und persönliches Engagement
Individuelle Persönlichkeit	Sämtliche Bedürfnisse und Fähigkeiten zeigen, die für Selbst- und Fremdachtung notwendig sind	Authentizität, Vertrauen und Warmherzigkeit gegenüber den SchülerInnen

Abb. 8: Facetten der LehrerIn-Rolle (nach http://www.grundschulpaedagogik.uni-bremen.de/lehre/2001ws/gspaed/literatur/Lehrerrolle%204.pdf)

Um die Entstehung von Rollen und Rollenerwartungen zu erklären, möchte ich hier kurz auf George Herbert Meads (1968) Entstehung von Identität eingehen. Er war ein Vertreter des symbolischen Interaktionismus.

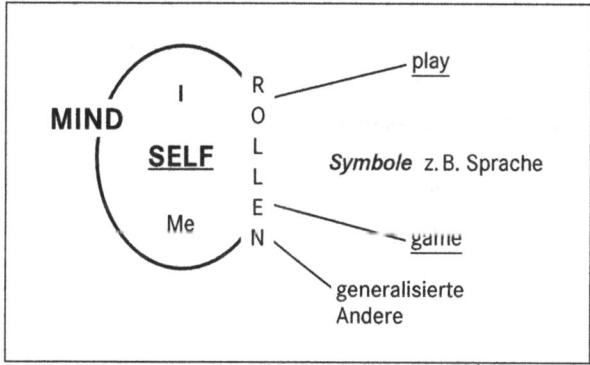

Abb. 9: Mind und Self nach G. H. Mead (http://3.bp.blogspot.com/-YhwkAT3hIPk/U2UL qebsNI/AAAAAAAAYk/Hfda_auad7Q/s1600/Mead.jpg)

Symbolische Interaktionen
Der symbolische Interaktionismus ist ein handlungstheoretisch begründetes Programm. Es wird davon ausgegangen, dass gesellschaftliche Phänomene auf beabsichtigte Tätigkeiten von Menschen zurückgeführt werden können. Mead ging davon aus, dass die an einer Situation beteiligten Personen dieser eine bestimmte Bedeutung geben. Die Bedeutung hat direkten Einfluss auf die darauffolgende Handlung. Sie kann allerdings von Mensch zu Mensch für die gleiche Sache vollkommen unterschiedlich konstruiert werden. Innerhalb einer Gruppe können durch Regeln gemeinsame Bedeutungen von Gegenständen, Personen und Situationen festgelegt werden. Außerdem gibt es eine subjektive

Bedeutung, die von jeder Person selbst festgelegt wird. Rollen werden somit einerseits durch »allgemeine« Verhaltensregeln bestimmt. Auf der anderen Seite hängen sie davon ab, was die Person selbst in diese Rolle hineininterpretiert und wie sie sie ausfüllt.

Irritation und Veränderung durch Unklarheit
Ist die Bedeutung einer Situation unklar, kann dies Orientierungslosigkeit zur Folge haben. Unklarheit entsteht beispielsweise, wenn eine Person sich außerhalb der erwarteten Rollenvorstellungen verhält oder eine unerwartete Antwort auf eine Frage gibt.

Die Rolle von LehrerInnen könnte demnach noch um folgende Perspektive erweitert werden: Sie könnten zu »bewusst Rollen Lernenden« bzw. »bewusst Rollen Verlernenden« werden.

REFLEXIONSFRAGEN
Können Sie sich an die letzte Situation erinnern, in der Sie auf eine unerwartete/für Sie ungewöhnliche Reaktion gestoßen sind?
1. Was war der Grund dafür, dass die Reaktion Ihnen unerwartet oder ungewöhnlich erschien?
2. Was könnte dies für Sie bedeuten?
3. Wie würde Ihre ganz persönliche, neue Rolle als LehrerIn aussehen? Backen Sie sich in Ihrer Fantasie neu ...

4.6 Knackpunkt: Freiwilligkeit

Besonderheit von Schule: Rekrutierung der Mitglieder
Die Rollenverteilung – LehrerInnen und SchülerInnen –, welche Grundlage des schulischen Alltags ist, beinhaltet noch einen weiteren wesentlichen Unterschied: Freiwilligkeit. Während bei LehrerInnen davon ausgegangen werden kann, dass es sich um deren Entscheidung handelt, vor Ort zu sein, gilt dies für die SchülerInnen nur in begrenztem Maße. Sie sind durch die Schulpflicht zur Anwesenheit gezwungen.

Freiwilligkeit ist eines der wesentlichen, wenn nicht *das* wesentliche Prinzip erlebnispädagogischen Lernens. Es gibt keine herbeigeführten Lernprozesse, wenn ich von einem selbsttätigen, selbstständigen Individuum ausgehe. Dieses Prinzip scheint zunächst einmal unvereinbar mit dem System Schule zu sein.

Ich habe die Erfahrung gemacht, dass dies im Alltag eine Herausforderung sein kann. Gleichzeitig sehe ich hier eine der großen Entwicklungschancen, wenn Erfahrungen aus erlebnisbasiertem Lernen in den Schulalltag transferiert bzw. in diesen integriert werden:

> **REFLEXIONSFRAGEN**
> Schauen Sie in Ihre Aufzeichnungen zum Thema Lernen zurück.
> - In welchen Situationen, in welchem Kontext hat Ihr Lernprozess stattgefunden?
> - Zu welchen Annahmen, wie Lernen organisiert sein muss, führte Sie dies?
> - Welche Möglichkeiten haben Sie, eine größtmögliche Freiwilligkeit der SchülerInnen zu sichern?
> - Träumen Sie: Wie sieht ein Unterricht, ein Klassenraum, ein Kollegium, eine Schule, eine Welt aus – in der das möglich ist?

5 Aktionsphase

5.1 Und wie sieht Ihr Projekt aus?

Ich möchte Sie nun noch einmal an den Lernzyklus (Abb. 6) erinnern. Wir waren bei der Aktionsphase stehen geblieben. Wie geht es jetzt weiter? Haben Sie bereits Projektideen mit Ihren SchülerInnen entwickelt? Falls nicht, hier eine Übung zu diesem Thema:

Name der Übung: Brainstorming-Pool

Zeit/Dauer:
Je nach Ideenreichtum: 15–45 Minuten

Gruppe:
Bis zu 30 SchülerInnen, ab 10 Jahre

Material:
Moderationskarten

Beschreibung:
Es finden sich Kleingruppen zwischen sechs und acht SchülerInnen zusammen. Sie sitzen an einem Tisch, in der Mitte des Tischs liegt ein Haufen Karten (Moderationskarten z. B.). Dann formulieren Sie noch einmal die Aufgabe:
»Mit welchen Aktionen/Projekten könnt ihr euer Ziel erreichen?« oder
»Mit welchen Aktionen/Projekten können wir unser Ziel erreichen?«
Nun (gern wieder mit Musik übrigens …) nimmt jedeR eine Karte aus der Mitte schreibt eine Idee darauf und gibt die Karte im Uhrzeigersinn weiter. Vom/von der NachbarIn erhaltene Karten werden kurz gelesen, gegebenenfalls ergänzt und wie eigene Karten weitergereicht. Alternativ, wenn man gerade mit der Formulierung einer Idee beschäftigt ist, kann die Karte auch ungesehen durchgereicht werden. Dies wird solange weiter gemacht, bis die Karte wieder bei der Ausgangsperson angekommen ist. Falls diese keine Ergänzungen mehr hat, wird die Ideenkarte in der Mitte abgelegt. JedeR darf so viele Dinge aufschreiben und weiterreichen, wie Ideen heraussprudeln …

Quelle:
http://www.ideenfindung.de/Brainwriting-Pool-Kreativit%C3%A4tstechnik-Brainstorming-Ideenfindung.html/ 25.9.2017

5.2 Komfort- und Lernzonen

Um den Inhalt der Aktionsphase – Ausweitung des eigenen Horizonts durch Erfahrung des Unbekannten – etwas genauer zu bestimmen, ist das Modell der Lernzonen hilfreich:

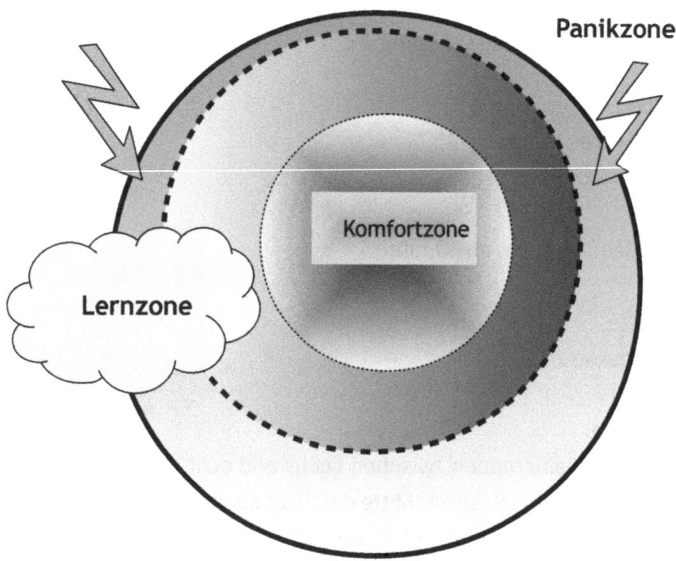

Abb. 10: Komfortzonen-Modell

Name der Übung: Komfortzonen-Modell

Beschreibung:
Eignen Sie sich das Modell an. Zeichnen Sie es in Ihr Lerntagebuch, malen Sie es mit Kreide auf den Boden, legen Sie es mit Seilen nach ... Ihrer Fantasie sind keine Grenzen gesetzt. Diese Übung macht auch mit anderen gemeinsam Spaß. Überlegen Sie dann (Sie können auch Gegenstände finden und diese repräsentativ für Situationen in den Kreisen ablegen):

Mögliche Reflexionsansätze:
- Wann befinden Sie sich in Ihrer Komfortzone? An welche Situation in Ihrer Komfortzone erinnern Sie sich gerade? Was macht diese Zone aus? Welche Gedanken, Gefühle ...?

- Können Sie sich an Ihren letzten Aufenthalt in der Lernzone erinnern? Welche Situation war das? Wie haben Sie sich gefühlt? Und warum?
- Und zuletzt: Gab es in Ihrem Leben einen Moment, welchen Sie als Panikzone einordnen können? Wie haben Sie sich gefühlt?

JedeR hat eine Komfortzone, die sich durch ein vollkommenes Wohlfühlen auszeichnet. Nähern wir uns der Lernzone, können wir dies meist unweigerlich durch körperliche Reaktionen (beschleunigter Herzschlag, Schwitzen, schnellere Atmung etc.) feststellen. Befinden wir uns dann in der Panikzone verstärken sich diese Anzeichen so weit, dass sie eine Überforderung darstellen. In diesem Moment ist eher ein Erstarren und »nicht mehr handeln und denken können« die Folge. Möchten Sie mit Ihren SchülerInnen dieses Modell nutzen, können Sie mit dieser Übung einsteigen:

Name der Übung: Lernzonen

Zeit/Dauer:
Zwischen 60 und 120 Minuten

Gruppe:
Je nach Aufmerksamkeit der Gruppe/Alter zwischen 12 und 25 SchülerInnen

Material:
Drei (Reep-)Schnüre, ca. 4 m, 8 m und 12 m lang

Schwerpunkte/mögliche Lernziele:
Erarbeitung des Lernzonenmodells,
individuelle Ziele, Erwartungen und Befürchtungen

Beschreibung:
1. Mit der kurzen Reepschnur wird ein Kreis auf dem Boden gelegt. Es folgt eine Erklärung: »Dieser Kreis, in dem ich jetzt stehe, symbolisiert/ist meine Komfortzone. Das ist der Bereich, mit dem ich vertraut bin, mit dem ich schon viele gute Erfahrungen gemacht habe. Das können meine Hobbys, FreundInnen, Familie, Bücher, Bett, alles sein, womit ich mich sicher fühle.«
2. Dann wird der größere Kreis mit der zweiten Reepschnur um den kleinen Kreis gelegt. Wieder folgt eine Erklärung: »Das hier ist meine Lernzone/der Bereich meiner Herausforderungen. Hier fühle ich mich ab und zu unbehaglich, da mir

die Aufgaben oder Situationen nicht vertraut sind. Ich kann nicht genau sagen, welche Folgen/Konsequenzen mein Handeln haben werden. Hier kann ich etwas Neues erleben und ausprobieren.«

3. Zum Schluss wird die dritte, längste Schnur wieder außen herum gelegt: »Das ist die Panikzone. In diesen Momenten habe ich große Angst. Ich bin überfordert, es kann gefährlich sein, was ich tue. Ich habe das Gefühl, weglaufen zu wollen oder kämpfen zu müssen.«

4. Nun können die SchülerInnen sich in den Kreis der Komfortzone begeben. Stellen Sie beispielsweise folgende Fragen:
   - Welche Situationen und Orte kennst du, in denen du dich in deiner Komfortzone befindest?
   - Wo fühlt ihr euch wohl? Was ist euch vertraut? Woher bekommt ihr eure Kraft?

Dann ist die Lernzone dran. Die SchülerInnen betreten den mittleren Kreis:
- An welche Situationen erinnerst du dich, in denen du etwas gelernt hast? Was ist passiert?
- Was sind gerade eure Lernziele? Was wollt ihr erreichen?
- Was könnten Lernziele für die gesamte Klasse sein?

Falls noch Zeit, Ruhe, Geduld und eine passende Atmosphäre da ist, ist es übrigens auch spannend, noch weiter in die Panikzone zu gehen:
- Gab es Situationen in deinem Leben, in denen du dich in der Panikzone befunden hast? Was ist passiert? Wie ging es dir?
- Was macht euch Angst?
- Was soll auf keinen Fall passieren?

Die Beschäftigung mit der Panikzone kann ein sehr intensives, emotionales Thema sein. Wichtig dafür ist eine entsprechende Bereitschaft bei den SchülerInnen, dem einen Raum und die Ruhe zu geben. Es kann daraus eine sehr offene und ehrliche Atmosphäre entstehen!

Quelle:
Nach Annette Reiners, Praktische Erlebnispädagogik 2

Auf einer theoretischen Ebene lässt sich dieses Modell folgendermaßen herleiten: Eine Lernproblematik – mit Konsequenz von Erweiterung der Handlungsfähigkeit – entsteht aus Barrieren, Widersprüchen, Dilemmata. Sie hängt zusammen mit dem subjektiven, individuellen Interesse einer Person, die Voraussetzungen zum Lösen der Lernproblematik zu erwerben. Handlungsfähigkeit ist die Fähigkeit, Probleme zu lösen.

Handlungsfähigkeit
Das Konzept der Handlungsfähigkeit stammt aus der kritischen Psychologie. Deren Begründer Klaus Holzkamp (Grundlegung der Psychologie, 1983) geht davon aus, dass die Beziehung zwischen Mensch und Umwelt eine Doppelbeziehung ist. Auf der einen Seite leben Menschen unter bestimmten Bedingungen, auf der anderen Seite produzieren, schaffen, bestätigen, verändern, reproduzieren sie diese Lebensbedingungen selbst mit. Die Qualität des subjektiven Befindens ist nicht (nur) abhängig von der Befriedigung eines aktuellen Bedürfnisses. Sondern es muss Inhalt des Handelns sein, zukünftig als Individuum oder Gruppe über die Mittel und Quellen der Bedürfnisbefriedigung zu verfügen. Holzkamp bringt hier das Beispiel des Hungers: Ein Aspekt sei das aktuelle Bedürfnis und dessen Befriedigung durch das Zuführen von Nahrung. Gleichzeitig ist Hunger mit der Erfahrung des Ausgeliefertseins an eine Situation verbunden. Handlungsfähigkeit kann sich in diesem Beispiel nur daran entwickeln, dass die Person zukünftig über Quellen verfügen wird, die eine Versorgung mit Nahrungsmitteln sicherstellen.

Handeln und der Handlungsbegriff
Die Entwicklung von Handlungsfähigkeit kann also als wesentliches Merkmal menschlicher Persönlichkeit angesehen werden. Handeln und Handlungstheorien spielen in der Erlebnispädagogik und den dazu gehörigen handlungsorientierten Lernprozessen eine wesentliche Rolle.

Lernen in der kritischen Psychologie
Holzkamp setzt eine subjektorientierte Grundlage des Lernens voraus. Er definiert Lernen als eine Komplizierung des Handelns. Wie bereits zuvor ausführlicher dargelegt, geht er davon aus, dass Individuen lebenslang an der Erhaltung oder Erweiterung der Verfügung über Lebensverhältnisse und Verbesserung subjektiver Lebensqualität interessiert sind. Allerdings verlaufen menschliche Lebensaktivitäten nicht glatt und reibungslos. Sie stoßen auf Behinderungen, Widersprüche, Dilemmata und werden so aufgehalten. Jetzt muss das Individuum zur Überwindung dieser Barrieren aus einer selbstverständlichen Lebensaktivität heraus und hinein in ein intentionales, bewusstes Handeln wechseln. Dies nennt Holzkamp eine subjektive Handlungsproblematik. Wenn die aktuellen Mittel nicht zur Überwindung der Handlungsproblematik ausreichen, ent-

steht eine Lernproblematik. In diesem Fall besteht ein eigenes, gut begründetes Interesse, die persönlichen Voraussetzungen zur Bewältigung der ursprünglichen Handlungsproblematik zu verbessern.

Was bedeutet dies nun konkret für den Schulalltag? Sie haben gemeinsam mit Ihren SchülerInnen analysiert, welche Stärken, Schwächen, Gefährdungen und Möglichkeiten in der Klasse existieren. Sie haben sich über persönliche und gemeinschaftliche Ziele ausgetauscht. Außerdem haben Sie sich mit den Werten auseinandergesetzt, die Sie zur Erreichung dieser Ziele einsetzen wollen bzw. welche die Grundlage dafür sind. Zu guter Letzt haben Sie eine (vermutlich) große Vielfalt an Ideen gesammelt, wie sie gemeinsam diese Ziele in Projekte und Aktionen umsetzen wollen. Überprüfen sie also diese im Hinblick auf das Komfort-Zonen-Modell. Gehen Ihre SchülerInnen wirklich an ihre Grenzen? Oder bewegen sie sich noch im Komfortbereich? Sind Dilemmata, Stolpersteine und Widerstände vorgesehen? Und werden sie zugelassen?

Ein Beispiel aus meiner Praxis: Eine Gruppe von jungen Erwachsenen entwickelte über mehrere Seminartage das Projekt »Allein im Wald«. Sie nahmen sich vor, mit möglichst wenig Hilfsmitteln draußen »zu überleben«, wie sie es nannten. Als TrainerInnenteam erlebten wir eine große Herausforderung damit, den Jugendlichen ihre eigene Planung zu überlassen und wirklich nur an den Stellen zu intervenieren, an welchen es entweder um relevante Sicherheitsaspekte (z. B. Waldbrandgefahr, Möglichkeit der Unterkühlung) ging oder unsere Unterstützung explizit eingefordert wurde. Im weiteren Verlauf des Projekts musste die Gruppe (auf Grund von Regen und Kälte) ihr Vorhaben bereits nach wenigen Stunden abbrechen. In einer anschließenden Reflexion wurde deutlich, wie sehr dieser Abbruch ihren Lernprozess befeuert hatte. Themen wie Selbstüberschätzung, Einholen von und Offenheit für Ratschläge und Informationen, Verständnis für und Umgang mit Scheitern, Empathie etc. waren plötzlich spürbar auf dem Tisch. Während wir im Vorhinein kein Ohr dafür gewinnen konnten.

Welche Ideen haben also Ihre SchülerInnen entwickelt? Trauen Sie ihnen nicht nur etwas zu, trauen Sie ihnen alles zu. Egal, ob es die Anschaffung einer Topfpflanze für das Klassenzimmer ist, um dieses grüner zu gestalten, eine Spendenaktion für das Tierheim, die Veranstaltung eines Sportfests, das Schreiben eines Konzepts für eine gelungene Schule oder eine komplett selbstorganisierte fünftägige Kanutour.

5.3 Falls Ihr Thema Vielfalt ist ...

Vielleicht halten Sie dieses Buch in der Hand, weil Sie der Titel angesprochen hat. In den von mir begleiteten Programmen und Seminaren mit Schulklassen ist es mir in den vergangen Jahren häufig begegnet, das der Umgang mit der Heterogenität und Vielfalt der SchülerInnen im Vordergrund des täglichen Miteinanders stand. Außerdem waren oftmals Konflikte mit LehrerInnen – welche mich als externe Trainerin verständlicherweise ganz anders erreichen können als den oder die LehrerIn selbst – ein großes Thema. Auf den folgenden Seiten möchte ich Ihnen also jetzt ein paar Übungen und Ideen für Aktionen vorstellen, falls Sie und Ihre SchülerInnen sich für eine Beschäftigung mit Vorurteilen und Diskriminierungen interessieren. Als Einstieg:

Name der Übung: Alle Zitronen sind ...

Beschreibung:
Gehen Sie in den Supermarkt/Lebensmittelladen und schauen sich dort die Auslage mit den Zitronen an. Gehen Sie nicht zu nah heran, schauen Sie erst einmal aus einer guten Entfernung. Notieren Sie in Ihrem Lerntagebuch:
Alle Zitronen sind, ... und vervollständigen Sie diesen Satz.

Kaufen Sie eine Zitrone. Nehmen Sie diese mit nach Hause. Schauen Sie sie genau an und notieren dann:
Meine Zitrone ist ...

Mögliche Reflexionsfragen:
Welche Eigenschaften von Zitronen haben Sie der großen Masse zugeschrieben, welche der einzelnen Zitrone? Waren es die gleichen oder waren sie unterschiedlich? Warum?

Falls Sie diese Übung zum Einstieg in das Thema Vielfalt mit Ihren SchülerInnen nutzen wollen, habe ich hier noch Empfehlungen für die Durchführung mit einer Gruppe/Klasse:

> **Fortsetzung: Alle Zitronen sind ...**
>
> **Zeit/Dauer:**
> 20–45 Minuten
>
> **Gruppe:**
> Ab 10 Jahre, bis zu 25 SchülerInnen
>
> **Material:**
> So viele Zitronen wie Teilnehmende/bei großen Gruppen kann auch eine Zitrone pro Kleingruppe (3–5 Personen) gewählt werden, Flipchart-Papier mit dem Satz: »Alle Zitronen sind ...«, Din-A4-Blätter, Stifte
>
> **Warum?**
> Annäherung an das Thema Stereotype/Vorurteile
> Differenzierung
>
> **Beschreibung:**
> In der Mitte des Raums steht eine große Schale mit allen Zitronen auf dem Boden. Die Gruppe wird aufgefordert, Eigenschaften zu ergänzen zu dem Satz »Alle Zitronen sind ...«. Diese werden auf das Flipchart geschrieben.
> Dann erhält jedeR ein Blatt und darf sich eine Zitrone aussuchen – bzw. die Kleingruppen suchen sich eine Zitrone aus. Die SchülerInnen werden aufgefordert, Eigenschaften zu notieren zu dem Satz »Meine Zitrone ist ...«

5.3.1 Vorurteile und Diskriminierung – Anti-Bias-Ansatz

> **Name der Übung: Definition von Vorurteilen und Diskriminierung**
>
> **Beschreibung:**
> Was sind Vorurteile? Was ist Diskriminierung? Schreiben Sie in Stichpunkten auf, was Sie mit diesen beiden Begriffen verbinden, was diese bedeuten, wie sie sich definieren.
>
> **Mögliche Reflexionsansätze**
> Was ist Ihnen schwergefallen, was war ganz klar und einfach?
> Worin unterscheiden sich Ihre Definitionen und wo stimmen sie überein?

Zusätzliche Informationen:
Definition von Vorurteilen und Diskriminierung
Vorurteile sind Einstellungen, die oft von anderen übernommen sind und nicht an der Realität auf ihre Richtigkeit hin überprüft werden.
Bei Diskriminierung geht es um mehr!
- Erstens handelt es sich um Diskriminierung, wenn Vorurteile genutzt werden, um bestimmte Menschengruppen auszuschließen und zu benachteiligen, mit dem Ziel, die eigenen Vorteile zu sichern.
- Zweitens ist Diskriminierung im Gegensatz zu Vorurteilen nicht allein eine Frage von persönlichen Einstellungen. Vielmehr handelt es sich um eine Verknüpfung von persönlichen Einstellungen mit gesellschaftlichen Strukturen und Machtverhältnissen.
- Und: Diskriminierung heißt, dass die Privilegien der einen Gruppe auf der Benachteiligung der anderen Gruppe beruhen.

Quelle:
Bildungsteam Berlin-Brandenburg e. V.

Vorurteile und Diskriminierung
Ich gehe davon aus, dass jeder Mensch Vorurteile hat. Es kann demnach nicht der Anspruch sein, diese aufzulösen. Im Gegenteil ist es wichtig, die Funktionen von Vorurteilen zu erkennen, sich ihrer bewusst zu werden und daraus die Möglichkeit zu entwickeln, sensibler mit ihnen und daraus entstehenden Situationen umzugehen. Vorurteile sind Annahmen – in Bezug auf eine (konstruierte) Gruppe von Personen, die oftmals bestimmte, als offensichtlich angenommene Merkmale mit »Charaktereigenschaften« verbindet. Allerdings müssen Vorurteile die Dimension einer gesellschaftlichen Anschlussfähigkeit beinhalten. Ein Satz wie »Alle Menschen, die gelbe Hemden tragen, sind besonders höflich!« ist in diesem Sinne nicht gesellschaftlich anschlussfähig und somit keine wirkmächtiges Vorurteil.

Der Anti-Bias-Ansatz – Vorurteilsbewusste Bildung
Seit Anfang der 90er-Jahre wird der Anti-Bias-Ansatz in Deutschland mit verschiedenen Zielgruppen praktiziert. Er entstand in den USA und gründete auf der Kritik an Konzepten zu interkulturellem Lernen. Zunächst wurde er im Kleinkindbereich eingesetzt. In Südafrika wurde Anti-Bias nach Ende der Apartheid für die Erwachsenenbildung weiterentwickelt. Bias bedeutet Voreingenommenheit, Vorurteil, Schieflage. Der Anti-Bias-Ansatz ist ein erfah-

rungsorientierter Ansatz der Anti-Diskriminierungsarbeit. Es geht dabei um eine Sensibilisierung für gesellschaftliche Diskriminierungen. Diese entstehen durch Haltungen, Werte und Normen in Verbindung mit Formen der Macht. Es geht dabei nicht um den Fokus auf das Handeln einzelner Personen – Diskriminierung und Vorurteile werden nicht als individuelle Probleme, sondern als gesamtgesellschaftliche Tatsache und Wirklichkeit betrachtet. Im Rahmen von Anti-Bias soll die Möglichkeit geschaffen werden, eigene Verstrickungen zu erkennen. In Folge dessen wird ein vorurteilsbewusstes und machtkritisches Handeln angestrebt, Handlungsspielräume werden entdeckt und erweitert.

In Seminaren, die mit dem Anti-Bias-Ansatz arbeiten, werden die individuellen Erfahrungen der anwesenden Personen thematisiert und aufgearbeitet. Es wird versucht, alle Diskriminierungsformen miteinzubeziehen. Das bedeutet, dass auch immer neue Themen aufgebracht werden können. Es sollte keine Bewertung der Diskriminierungsformen stattfinden. Im Gegenteil, die Erfahrungen der Teilnehmenden werden in ihrer Unterschiedlichkeit von Bedeutungen, Geschichten, Ausprägungen und Häufigkeiten wahrgenommen und anerkannt. Dazu gehört sowohl eine Auseinandersetzung mit der eigenen Identität als auch mit der Frage nach der Konstruktion von Identitäten innerhalb von Gesellschaften. Die oben vorgestellte Methode der Identitätsblume ist eine Methode, um genau diese weiter unten vorgestellten Punkte aufzugreifen. Sie gibt einen Eindruck über die eigene Position in der Gesellschaft und eröffnet die Möglichkeit, darüber zu reflektieren, welche Erfahrungen und Konsequenzen mit dieser Position verbunden sind (vgl. auch www.anti-bias-werkstatt.de).

Ein wesentlicher Punkt, warum eine solche Reflexion stattfinden sollte, ist, dass der Norm entsprechende Denk- und Handlungsweisen oft automatisiert ablaufen. Der Anti-Bias-Ansatz ist eine Möglichkeit, diesen Automatismen auf die Spur zu kommen, sich ihrer bewusst zu werden, sie in Frage zu stellen und sie zu kritisieren.

Mit den nun folgenden Übungen habe ich in den letzten Jahren schon einige meiner unbewussten Vorannahmen aufdecken können. Sie haben mir den Weg gewiesen, auf meine eigenen Erfahrungen zu blicken.

Name der Übung: Identitätsblume

Beschreibung:
Malen Sie eine Blume mit großen Blütenblättern. In jedes Blatt schreiben Sie eine Facette Ihrer Identität.
Wenn Sie noch einen Schritt weitergehen wollen, können Sie immer eine größeres und ein kleineres Blütenblatt ineinander malen. Jetzt malen Sie immer das größere Blatt aus, wenn Sie aufgrund dieses Merkmals gesellschaftlich diskriminiert/benachteiligt werden, das kleinere, wenn Sie aufgrund dieses Merkmals privilegiert/bevorzugt sind!

Mögliche Reflexionsansätze:
Warum haben Sie genau diese Zugehörigkeiten ausgewählt?
Welche Erfahrungen haben Sie mit Zugehörigkeiten (z. B. angenehme oder eher schwierige Erfahrungen mit Zugehörigkeiten; freiwillige/unfreiwillige Zugehörigkeiten; welche Zugehörigkeiten bedeuten viel)?
Sehen Sie Unterschiede zwischen Selbst- und Fremdzuschreibungen?

Wenn Sie auf Ihre eigenen Erfahrungen als SchülerIn schauen:
- Welche Zugehörigkeiten waren in Ihrer eigenen Schullaufbahn bedeutsam? In welcher Hinsicht? Wo wurden Sie auf Grund dieser begrenzt, wo hatten Sie Vorteile durch bestimmte Zugehörigkeiten? Wie sah das im Einzelfall aus?
- An welche Zuschreibungen durch LehrerInnen erinnern Sie sich? Welche Bedeutung(en) hatte das für Sie? Damals und heute?
- An welche Zuschreibungen durch MitschülerInnen erinnern Sie sich? Welche Bedeutung(en) hatte das für Sie? Damals und heute?
- Was denken Sie, waren die Gründe für diese Zuschreibungen? Sehen Sie die Gründe bei sich selbst, den anderen Personen, strukturell bedingt?

Zusätzliche Informationen:
Mögliche Gruppen/Zugehörigkeiten können sein:
Geschlecht, Familienstand, Sprache, Beruf, Ausbildung, Politische Interessen, Soziale Schicht, Religion, Herkunft, Hobbys

Quelle:
Angelehnt an: http://www.praxisglobaleslernen.at/uploads/tx_pglbooks/Heft 2_BAUSTEIN_9-Identitaetsblume.pdf; Abruf: 13.06.2017

Abb. 11: Identitätsblume

Im Anschluss daran können Sie diese Übung durchführen:

Name der Übung: Brainstorming zu Diversity

Warum?
- den Begriff *Diversity* vom Englischen ins Deutsche übersetzen
- nachdenken, in welcher Hinsicht Menschen unterschiedlich sein können
- erkennen, dass Unterschiedlichkeiten vorhanden sind und in dieser Gesellschaft als Anlass zur Diskriminierung genommen werden

Beschreibung:
Schreiben Sie das Wort: »Diversity« (bunt und groß) in Ihr Lerntagebuch – wenn Sie mit einer Gruppe arbeiten, können Sie auch ein großes Flipchart benutzen.
Was können mögliche Übersetzungen sein? Schreiben Sie diese möglichst dicht neben den Begriff *Diversity*.
In welcher Hinsicht können Menschen unterschiedlich und verschieden sein? Schreiben Sie all diese Ideen und Gedanken auf.
Sie erhalten so ein umfassendes Bild zur Vielheit und Diversität der Gesellschaft.

Quelle:
Angelehnt an: Bildungsteam Berlin-Brandenburg e. V.

Falls Sie diese Übung mit Ihren SchülerInnen durchführen wollen:

Fortsetzung: Brainstorming zu Diversity

Zeit/Dauer:
10–20 Minuten

Gruppe:
Ab 12 Jahre, bis 25 SchülerInnen

Material:
Flipchart-Papier, Stifte, ein Gruppenraum mit genügend Platz für die Aufstellung

Beschreibung:
Die SchülerInnen erarbeiten in einem gemeinsamen Brainstorming, was der Begriff »Diversity« bedeutet.
Alle sitzen im Kreis, Sie stehen am Flipchart, schreiben das Wort »Diversity« groß und bunt in die Mitte des Blattes und fragen nach der möglichen Übersetzung. Kommen die Begriffe »Unterschiedlichkeit«, »Verschiedenheit«, »Vielfalt«, werden diese dicht neben »Diversity« geschrieben.
Danach bitten Sie die SchülerInnen, darüber nachzudenken, in welcher Hinsicht Menschen unterschiedlich und verschieden sein können, worin die Vielfalt von uns Menschen besteht. Alle nun genannten Merkmale schreibt sie um das Wort »Diversity« herum.

Sortieren Sie möglichst gleich beim Aufschreiben nach Themengebieten. So kann »Hautfarbe«, »Herkunft«, »Sprache« nah beieinander stehen, sodass später das Thema »Rassismus« dazugeschrieben werden kann. Ebenso kann »Bildung« und »Einkommen« später mit der Überschrift »Soziale Gerechtigkeit« erfasst werden. Die Merkmale »Mann – Frau« und »Heterosexualität – Homosexualität« können später mit der Überschrift »Geschlecht und Sexualität« versehen werden. Diese Methode wird auch Clustern genannt. Zusammenhängende Aspekte werden zu verschiedenen Themenbereichen zusammengefasst. Im Anschluss wird die Definition von Diversity (siehe zusätzliche Infos) vorgelesen und besprochen.

Zusätzliche Informationen:
Was meint Diversity?
Anhand der hinzugefügten Überschriften und Cluster entsteht auf dem Flipchart ein Bild, wobei der Begriff »Diversity« in der Mitte steht und die Cluster wie z. B. »Rassismus«, »Soziale Gerechtigkeit«, »Ost – West«, »Geschlecht und Sexualität« als Unterbereiche darum herum gruppiert sind. Hier wird deutlich, dass es eine große Vielfalt in unserer Gesellschaft gibt und dass es aufgrund von einigen Merkmalen zu Diskriminierung kommt.
Diversity heißt so viel wie Unterschiedlichkeit, Verschiedenheit, Vielfalt. Diversity bedeutet, die menschliche Vielfalt zu achten, wertzuschätzen und zu fördern, unter anderem in Bezug auf Alter, Geschlecht, Herkunft, sozialen Status, Behinderung, Religion, Weltanschauung, sexuelle Orientierung.
Diversity ist eine Weltanschauung, die darauf basiert, dass die Entfaltung des Menschen und des gesellschaftlichen Lebens durch die Einbeziehung und Gestaltung von Vielfalt bereichert wird.
Für die Schule und die Arbeit bedeutet Diversity:
Vielfalt gestalten, einbeziehen statt ausgrenzen, Gemeinsamkeiten entdecken, Unterschiede akzeptieren und anerkennen!

Quelle:
Bildungsteam Berlin-Brandenburg e. V.

5.3.2 Doing Pupil

Subjektive Handlungstheorien
Auf eine schulspezifische Diskriminierungsform möchte ich jetzt noch genauer mit Ihnen schauen. Für viele Probleme des Alltags stabilisiert sich im Laufe der

Zeit eine Form von Lösungsstrategien – die sogenannten subjektiven Handlungstheorien. In der beruflichen Laufbahn bilden sich subjektive Theorien über verschiedenste Zusammenhänge des Kontexts aus, in welchem sich die Person befindet. Erklärungen zu bestimmten Verhaltensweisen werden aus den Alltagserfahrungen gewonnen und erhalten den Wert subjektiver Wahrheiten. Aus diesen Theorien werden Lösungsstrategien für Probleme gewonnen. Sie dienen als Strukturierung und Leitfäden des Alltags.

> Die Alltagspsychologie ist ein System kulturell tradierter Überzeugungen über menschliches Erleben und Verhalten und dessen Ursachen. [...]; sie enthält nicht nur Meinungen, die wir schnell ändern könnten, sondern viele tiefsitzende Überzeugungen, die aufzugeben uns äußerst schwer fällt. [...] Diese Skepsis dürfte eine Grund dafür sein, dass es den meisten Menschen schwerfällt, Alltagspsychologie und Psychologie auseinander zu halten. Ein weiterer Grund ist sicherlich, dass psychologische Begriffe oft denselben Namen tragen wie alltagspsychologische Konzepte, obwohl sie als wissenschaftliche Begriffe eine präzisere und teilweise auch vom alltagspsychologischen Konzept abweichende Bedeutung haben.
> Asendorpf 1996, S. 1 f.

Sogenannte Berufstheorien – also subjektive Handlungstheorien im Beruf – wurden im Bereich Schule für LehrerInnen vor allem innerhalb der Themenbereiche Beurteilung von SchülerInnen, Unterrichtsplanung und -gestaltung, Umgang mit Schulschwierigkeiten und zur Bewältigung persönlicher Krisensituationen untersucht. Ich gehe nicht davon aus, dass »wissenschaftliche« Theorien eine grundsätzlich bessere Zugangsweise zur Analyse und Lösung von Alltagssituationen sind. Allerdings vertrete ich die Ansicht, dass eine Offenlegung der subjektiven Handlungstheorien und Lösungsstrategien sowie deren Erweiterung einen Gewinn für den Alltag darstellen kann. Dies schon allein deshalb, um den eigenen Handlungsspielraum, die eigene Handlungskompetenz zu erweitern. Denken Sie hier an das Komfortzonenmodell zurück! Es sind oftmals die eingefahrenen »Probleme« oder »Muster«, die nur durch einen neuen Impuls gelöst werden können. Allerdings:

> nur durch das Üben von Problemlösen in Schulen werden die Denkfähigkeiten erlernt, die zum Lösen von Problemen nötig sind. Problemlösen muss ein eigener Unterrichtsgegenstand sein. Problemlösendes Denken entwickelt sich nicht als Zusatzeffekt beim Wissenserwerb.
> Edelmann 2002, S. 228

Doing Difference – Auswirkungen von SchülerInnen-LehrerInnen-Interaktionen
Als Grundlage bzw. Werkzeug möchte ich eine »Brille« zur Analyse von Unterrichtsprozessen vorstellen, die subjektive Handlungstheorien thematisiert. Der *Doing difference*-Ansatz geht davon aus, dass unterschiedliche Kategorien in der Interaktion zwischen LehrerInnen und SchülerInnen hergestellt werden und nicht von vornherein gegeben sind. Ich möchte Sie hier an die Rollentheorien erinnern, die in Kapitel 4 angesprochen wurden. Diese Kategorien sind beispielsweise Geschlecht, Klasse, Körperlichkeit etc. Allerdings werden mit diesem Ansatz nicht die Handlungen und Interaktionen untersucht, die bewusst, also intentional gesteuert werden. Vielmehr geht es um Vorannahmen bezüglich eben genannter Kategorien, die auf unbewusster Ebene ablaufen. Die Analyse von konkreten Beziehungsprozessen steht genauso im Fokus wie die institutionellen und gesellschaftlichen Rahmenbedingungen.

Der Fokus auf Interaktionen zwischen Lehrer_innen und Schüler_innen ist in diesem Forschungskontext besonders instruktiv, da er deutlich macht, dass Differenzkategorien nicht allein von außen an die Schule herangetragen werden, sie werden in pädagogischen Praktiken auch selbst hervorgebracht bzw. durch sie stabilisiert (Weber 2003; Budde 2013). Dies ist deshalb brisant, da die hier fokussierten Differenzkategorien wie Geschlecht, Migration oder Behinderung in westlichen Industrienationen mit sozialer Ungleichheit, Diskriminierung und Marginalisierung einhergehen. Die Praktiken der Herstellung von Differenz, die in Lehrer-Schüler-Interaktionen untersucht werden, sind demnach keine harmlosen Praktiken des Unterscheidens wie etwa die zwischen Tag und Nacht, sondern sozial folgenreiche Unterscheidungen. Die Institution Schule trägt somit zur (Re-)Produktion von sozialen Differenzkategorien bzw. sozialen Ordnungen in gravierender Weise bei. Dies zeigt sich allerdings nicht allein in alltäglichen Unterrichtsinteraktionen, sondern auch in räumlichen Anordnungen, symbolischen Repräsentationen oder der Selektion nach Schulformen (Gomolla & Radtke 2002; Tillmann 2004). Nach Bourdieu haben Bildungsinstitutionen in modernen Gesellschaften geradezu die Funktion, soziale Herkunft bzw. Geschlecht in Leistungsdifferenzen zu transformieren und damit die ungleiche soziale Platzierung in der Gesellschaft meritokratisch zu legitimieren (Bourdieu & Passeron, 1971, S. 16). Der hier interessierende Fokus auf Lehrer-Schüler-Interaktionen stellt somit nur einen Ausschnitt dar, wenn es um die Analyse der Herstellung sozialer Differenzkategorien im Kontext von Schule und Unterricht geht.

Walgenbach 2017, S. 587 f.

In den folgenden Studien gebe ich Ihnen Beispiele dafür, welche Konsequenzen diese Vorannahmen für die SchülerInnen haben können.

Doing difference – Studie an zwei Schweizer Grundschulen
Marianna Jäger führte für ihre Studien einen Vergleich zwischen zwei ersten Klassen durch. Die eine Klasse war in einer Grundschule, die in einem Züricher Vorort liegt. Dort kam die SchülerInnenschaft vor allem aus privilegierten »bildungsnahen« Familien. Die andere Schule lag in einem Züricher Stadtquartier mit hohem »Migrationsanteil«, mit so genannten »bildungsfernen« Familien. Jäger arbeitet mit einem Begriff der Kultur, welcher das Aushandeln von Bedeutung zwischen zwar kulturell geprägten, aber zu Innovation, Veränderung und reflexiven Hinterfragen fähigen Individuen meint. Schulkultur und schulische Wirklichkeit sind demnach symbolische Ordnung von Diskursen, Interaktionen und Praktiken, die durch alle Beteiligten aktiv gestaltet werden.

Im Rahmen der Studie werden zu Schuljahresbeginn im August 2007 teilnehmende Beobachtungen, darauf folgend fokussierte Leitfadeninterviews (November 2007 bis März 2008) mit allen Kindern sowie ein Expertinneninterview mit der Lehrperson durchgeführt. In die Auswertung wird nur die Klasse aus dem Züricher Vorort einbezogen.

Jäger wertet in ihrer Zusammenfassung den Prozess aus, den sie als »doing difference« beschreibt. Dieser ist an das Konzept von *doing pupil* gekoppelt. Denn im schulischen Alltag geht es in dieser Klasse vor allem um die Herstellung einer normativen Realität. Das richtige Verhalten als SchülerIn *(doing pupil)*, also die angemessene Repräsentation des SchülerIn-Seins (sich ruhig verhalten, gut zuhören, nicht dazwischen reden, nicht herumalbern, Aufgaben erfüllen) wird markiert. Auf diese Weise entsteht eine Zugehörigkeit zur Klasse. Und gleichzeitig wird Abweichung markiert, beispielsweise durch ein für alle offensichtliches Sanktionssystem (Smileys). In ihrer Studie beschreibt Jäger nun an der Rolle des Schülers Amir, wie ein System sozialer Ungleichheit, unter anderem auf der Grundlage von dessen Verhalten, hergestellt wird.

> Mit der Kategorie pupil wird in den sozialen Praxen eine binäre Logik verfolgt: die Unterscheidung »Lehrer - Schüler« wie auch die Unterscheidung »konformer Schüler – nicht-konformer Schüler«; erstere dient der Reproduktion der institutionellen Struktur, letztere ist funktional für die schulische Sozialisation bzw. die Identitätskonstruktionen der Kinder. Im Gegensatz zu andern »Achsen der Ungleichheit« wie class oder ethnicity, die stärker der Gesellschaft zugerechnet werden, wird doing pupil viel eher der individu-

ellen Verantwortung des einzelnen Akteurs angelastet. Im Fallbeispiel Amir scheint es deshalb müßig, über eine allfällige Ethnisierung zu spekulieren, dürfte eine Klassifikation auf dem Hintergrund der Leitdifferenz pupil für ihn doch mindestens so belastend und für seine Bildungslaufbahn wohl kaum weniger folgenschwer sein.

https://phzh.ch/MAPortrait_Data/53613/6/Beitrag%20J%c3%a4ger.pdf, S. 41

Jäger gibt hier wertvolle Anhaltspunkte für eine Auseinandersetzung mit der Rolle als LehrerIn.

Tipp zum Weiterlesen
https://phzh.ch/MAPortrait_Data/53613/6/Beitrag%20J%c3%a4ger.pdf;
https://phzh.ch/MAPortrait_Data/53613/8/A%20Schlussbericht%20Alltagskultur_Erster%20Schultag_CB_MJ_ohne%20Kap. 6.pdf

---

REFLEXIONSFRAGEN
Inwiefern sind Sie an der Konstruktion des Schülers/der Schülerin beteiligt? Welche Mittel und Methoden der Abgrenzung und Markierung nutzen Sie dafür? Wie werden Abweichungen vom konformen *doing pupil* sanktioniert? Blicken Sie zurück auf Ihre Werte. Ist diese Berufspraxis mit Ihnen vereinbar? Falls Sie nicht im Einklang mit Ihren Werten handeln, was muss sich verändern, dass Sie es können?

Sollten Sie sich mit der letzten Frage beschäftigen, hier noch ein Input.

Problemlösen ist Handlungskompetenz
Eine Form der Handlungsfähigkeit ist das Problemlösen. Es ist eine besondere Art der Handlung: Ein bestimmtes Ziel kann auf Grund einer Barriere nicht direkt erreicht werden. Im Gegensatz zu einer Aufgabe können wir bei einem Problem nicht auf Regeln (Wissen, Know-how) zurückgreifen, die uns zur Erreichung des Ziels führen können. Es gibt unterschiedliche Formen von Problemen. Ein Beispiel:

Mohini, der weiße Tiger
Mohini war ein echter weißer Tiger, der viele Jahre im Nationalen Zoo in Washington D.C. lebte. Viele Jahre lang war sein Zuhause in dem alten Raubtierhaus – ein vier-mal-vier Meter Käfig mit Eisenstangen und Zementboden. Mohini verbrachte seine Tage damit, unruhig in seinem beengten Raum hin und her zu schreiten. Später entwickelten Biologen und Zoo-Mitarbeiter eine möglichst natürliche Umgebung für ihn, die sehr weit und geräumig war und Hügel, Bäume, einen Teich und eine Vielfalt von Pflanzen enthielt. Aufgeregt und voller freudiger Erwartungen ließen sie Mohini in seine neue ausgedehnte Lebenswelt frei. Aber es war zu spät. Der Tiger suchte sofort den Schutz einer Ecke des Geländes, wo er den Rest seines Lebens verbrachte. Mohini schritt immer wieder hin und her in einer Ecke von vier-mal-vier Metern.

Brach 2003, S. 25

Suchen Sie sich ein exemplarisches Problem aus Ihrem beruflichen Alltag und analysieren Sie es mit diesem System:
- Welche Werte sind für Sie in dieser Situation am wichtigsten? Handeln Sie an diesen Werten orientiert?
- Falls nein, welche Barrieren stehen Ihnen im Weg? Was versuchen Sie zu vermeiden, indem Sie nicht an Ihren Werten orientiert handeln (z. B. Gefühle, Körpersensationen, Gedanken, Bedürfnisse, Erinnerungen, Gedanken)? Welche Handlungen unternehmen Sie, die nicht hilfreich sind?

Für die Bearbeitung Ihres »Problems« hier noch einen Impuls aus der systemischen Beratung:
Die Methode stammt aus der ACT (Akzeptanz-und-Commitment-Therapie). Sie wird in der systemischen Beratung angewendet und kann neue Sichtweisen auf Verhaltensweisen und »Probleme« eröffnen.

ACT arbeitet mit sechs Komponenten:
1. *Akzeptanz fördern:* Die Akzeptanz negativer Empfindungen und Gefühle, von Gedanken und Schmerzen fördern. Darin wird es möglich, an den wichtigen Zielen zu arbeiten.
2. *Achtsamkeitsfördernde Methoden und Übungen:* Die Aufmerksamkeit soll auf das Hier und Jetzt gelenkt werden. Wichtiger Inhalt ist das Loslösen von Bewertungen.
3. *Kognitive Defusion:* Gedanken werden nicht mehr wörtlich genommen,. Das bedeutet, dass sie zwar auftauchen, sie müssen aber nicht mehr geglaubt

werden. Und sie führen nicht zwangsläufig zu einer Handlung. Es geht um die Lösung von gedanklicher Verstrickung bzw. Verschmelzung und Identifikation.
4. *Selbst als Kontext:* Es entsteht eine Flexibilität im Umgang mit Annahmen über sich selbst (Selbstbild). Dadurch wird die Möglichkeit zum Perspektivenwechsel gefördert.
5. *Werte formulieren:* Eigene Werte werden formuliert. Sie bieten die Grundlage zur Formulierung von (Richtungs-)Zielen und ersten Handlungsschritten zu deren Umsetzung.
6. *Engagiert Handeln:* Daraufhin werden die Handlungen zur Erreichung der formulierten Ziele eingeleitet.

Abbildung 12 zeigt eine Matrix, die diese Herangehensweise visualisiert. Um Ihre schulische (oder andere Herausforderung) auf ihrer Grundlage zu analysieren, können Sie sie in Ihr Lerntagebuch übertragen und dann die einzelnen Felder bearbeiten.

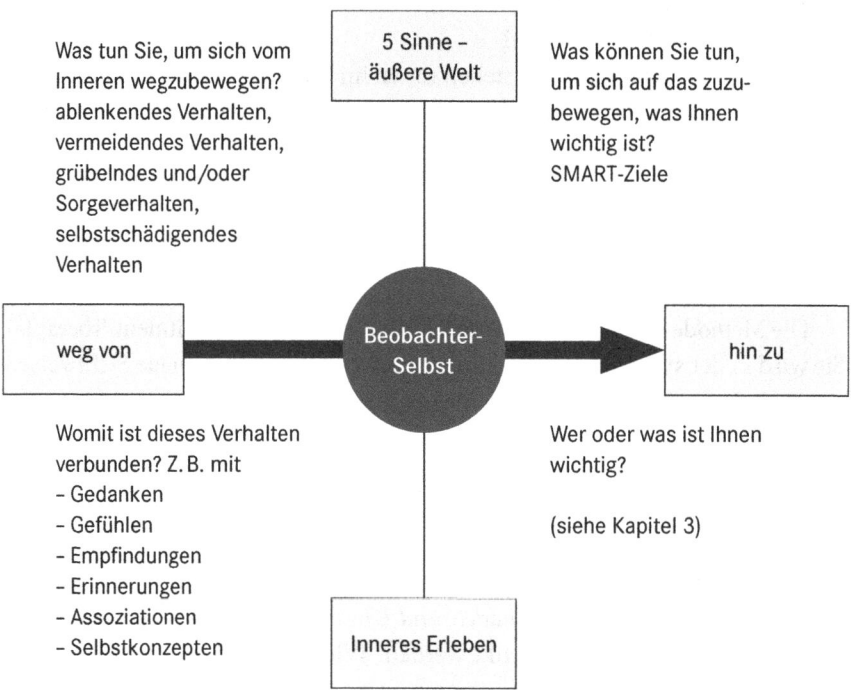

Abb. 12: Matrix des Handelns

5.4 Projektbeispiel – SchülerInnen-Zeitung

Im Winter 2014 arbeitete ich an einer Berliner Grundschule als Vertretungslehrerin. Zunächst vertrat ich eine Kollegin in einer dritten Klasse und erhielt danach die Chance, für einige Wochen eine fünfte Klasse als Vertretung für die Klassenlehrerin zu übernehmen. Die Stimmung an der Schule kann als haarsträubend beschrieben werden. Es herrschte in vielerlei Hinsicht Chaos und Streit. Teilweise körperlich gewaltvolle und tränenreiche Konflikte im Klassenzimmer, auf dem Schulhof und im LehrerInnenzimmer waren an der Tagesordnung. Ich wurde noch zusätzlich zu meinen regulären Stunden in anderen Klassen als Vertretung eingesetzt, gern auch freitags in den 6., 7. und 8. Stunden. In meiner Erinnerung ist diese Zeit als schockierende Konfrontation damit abgespeichert, was ein LehrerInnendasein bedeuten könnte.

Zu diesem Zeitpunkt befand ich mich in meinem Bachelorstudium, und obwohl meine Fächerkombination Sport- und Politikwissenschaften war, vertrat ich in der fünften Klasse Deutsch und Mathematik. Im Großen und Ganzen befand ich mich demnach des Öfteren – fachlich und sozial – weit am äußeren Rand meiner Lernzone, nahe der Panik.

In einem informellen Feedback-Gespräch mit einer Kollegin, die als Integrationshelferin in dieser Klasse eingesetzt war, ließ diese mich am Ende meines Einsatzes wissen: Also am Anfang dachte ich, die SchülerInnen werden dich zerfleischen, so ruhig und leise, wie du vor dieser Klasse gestanden hast ... Ehrlich gesagt, in vielen Momenten dachte ich das auch. In einigen Stunden ist es auch passiert.

Zurückgreifen konnte ich im Grunde oftmals nur auf meine Fähigkeiten und Kenntnisse, die ich aus meiner Arbeit als Erlebnispädagogin herleitete. Und auf den Umstand, dass ich mir herausnahm, kaum eine Stunde »konventionellen« Unterricht zu machen. Die erste Zeit verbrachten wir damit, eine Sitzordnung zu finden, die an den Bedürfnissen der SchülerInnen orientiert war. Wir thematisierten dabei, wie Entscheidungsprozesse stattfinden können und nach Meinung der SchülerInnen sollten. Dann nahm ich eine sexistische Bemerkung eines Schülers auf, woraus sich eine Diskussion über Diskriminierung entspann. Sie war sehr emotional und folgend brachte ich Tahar Ben Jellouns Buch *Papa, was ist ein Fremder* mit. Nach dem Vorlesen verteilte ich verschiedene Tages- und Wochenzeitungen auf den Tischen. Als Thema schlug ich »Anders Sein« vor. Die SchülerInnen nutzten die Zeitungen als Inspiration für Schreibstile, bauten Collagen, teilweise saßen Einzelne mehrere Stunden einfach da und lasen. Und über mehrere Unterrichtsstunden entstanden Texte, Leserbriefe und Ideen zur Gestaltung einer SchülerInnenzeitung.

In vielen Momenten war ich sehr berührt und teilweise schockiert über die Klarheit, mit welcher die SchülerInnen ihre Positionierungen beschrieben und darstellten. Scheinbar alle konnten etwas mit dem Thema anfangen, waren auf die eine oder andere Weise davon in ihrem Alltag berührt. Hier ein paar Beispiele:

Bob aus dem All

Eines Tages lief Bob über den Strand an der Küste von Südafrika.
Der Strand war Menschen leer.
Er wollte mit seinen Eltern nach Ägypten.
Aber plötzlich war das Flugzeug abgestürzt.
Nur er konnte sich noch bis zum Strand retten.
Und da stand er nun ganz allein.
Er hatte das Gefühl das er der einzige Mensch in ganz Afrika war.
Er merkte nichts was irgendwie auf Menschen hinweisen könnte.
Plötzlich verdunkelte sich der Himmel.
Grelle Blitze zuckten am Himmel.
Auf einmal sah Bob einen riesigen Meteoriten am Himmel.
Er kam direkt auf ihm zu.
Fassungslos starrte er auf den heranrasenden Meteoriten.
Dann schlug der Meteorit auf den Felsen hinter den Strand ein.
Steine und Geröll flogen durch die Luft und ängstlich duckte sich Bob auf den Sand.
Dann merkte er das jetzt in den Felsen eine bläuliche Kugel lag.
Sie war etwa so groß wie 2 Autos
Plötzlich öffnete sich eine Lucke an der Kugel und ein Alien kam heraus.
Er bestand zu 99% aus blauen Schleim und zu 1% aus Auge.
Er sagte nett: „Hallo mein Name ist Bob, und wie heißt du ? "
„Mein Name ist auch Bob, das ist ja lustig."
Sie verstanden sich gut und spielten Fußball mit Aliens-Bob Auge.
Am Abend machten sie ein Lagerfeuer.
Dann sagte Alien-Bob :„Jetzt muss ich aber wieder nach hause, es war schön mit dir."
Dann stieg er in sein Raumschiff und flog davon.
Bob hat auch etwas gelernt :„Ein Lebewesen ist ein Lebewesen, und es hat das Recht darauf gut behandelt zu werden."

ENDE

Projektbeispiel – SchülerInnen-Zeitung

EIN JUNGE UND EIN NEU GEBORENER BRUDER

Es gab ein Junge der hieß Tom. Er war 5 Jahre alt. Die Mutter sagte ihm, dass sie schwanger ist. Der Junge freute sich und schrie: „Ja, ich kriege einen Bruder." Die Mutter sagte: „Schön das du dich freust." Der Junge wartete auf sein Bruder. Er ging zu seiner Mutter und sagte: „Wann kommt mein Bruder". die Mutter sagte: „in 3 Monaten." Der Junge sagte: „dauert das lange" nicht mehr so lange sagte die Mutter. Nach einem Monat wurde der Bauch dicker. Nach 2 Monaten noch dicker und im 3 Monat war es so weit, das Baby kam auf die Welt. Tom war sehr aufgeregt, weil sein Bruder kommt. Als die Geburt fertig war ist Tom rein gegangen und sah sein Bruder. Er hatte angst, weil er war größer als sein Bruder war und schwerer als er. Er fragte sich warum er so anders war. Er rannte weinend raus, weil er dachte das er kein richtiger Mensch ist. Da kam sein Vater und sagte: „Was ist los." Tom sagte: „Ich bin kein normaler Mensch." Wie so den nicht sagte sein Vater, weil mein Bruder kleiner ist als ich und dünner. Der Vater lachte und sagt: „Du warst auch mal so klein. War ich das sagte er ja das warst du. Ach so sagte Tom und war erleichtert. Dann wischt er seine tränen ab und ging zu seinem Bruder und sah in fröhlich an.

Wann immer ich auf dieses Projekt zurückblicke, wird mir jedes Mal aufs Neue deutlich, wie viel ich daraus gelernt habe. Über selbstbestimmtes Lernen und die Möglichkeiten, die es bietet. Durch die Freiheit einfach aufzunehmen, was die SchülerInnen mir anboten, wurde ein Lernprozess bei mir initiiert, dessen Erkenntnisse Sie zum Teil in diesem Buch wiederfinden. Mittlerweile arbeite ich strukturierter als zum damaligen Zeitpunkt, und wahrscheinlich hätte ich mit meinem jetzigen Wissen die SchülerInnen besser begleiten können. Ich bin ihnen jedenfalls sehr dankbar für diese Zeit und die daraus gewonnenen Inspirationen!

Der zweite Teil des Feedbacks der LehrerIn, von der ich am Anfang sprach war im Übrigen: »Aber ich habe diese Klasse noch nie so ruhig und entspannt erlebt. Was hast du denn mit denen gemacht?« Nichts – hätte ich gern gesagt – das haben wir zusammen geschafft ...

Nur weil man Braun ist

Eine Dame und ein schwarzes Kind.

Eines Tages ging eine Dame in den Wald und sah ein schwarzes Kind.

Die Dame sagte: Was machst du hier im weißem Land.

Das schwarze Kind sagte: Du magst keine schwarzen und bist dann ein Rassismus.

Die alte Dame sagte: das N-Wort.

Danach gab es Streit.

Anschließend sagten sie sich gegenseitig Ausdrücke.

Das schwarze Kind sagte: Du hast schwarzen.

Die alte Dame sagte: Nein ich hasse keine schwarzen Menschen ich hasse dich.

Das schwarze Kind sagte: Aber warum sagst du mir das N-Wort?

Die alte Dame sagte: Das N-Wort ist ein schönes Wort.

Das schwarze Kind sagte: das ist eine Beleidigung für die Schwarzen.

Sie vertragen sich und die alte Dame sagte: Nie wieder das N-Wort.

Sie hatten sich eingeladen machten ein schönes Picknick.

Ende Gut Alles Gut

6 Reflexion und Auswertung

Ein letztes Mal greife ich auf den Lernzyklus (Abb. 6) zurück. Wir befinden uns nun im Reflexionsmodus und wollen das Geschehen beobachten, bewerten, beurteilen und gegebenenfalls in den »Alltag« transferieren. Ein großer Vorteil Ihrer Tätigkeit als BegleiterIn ist, dass – je nach Selbstständigkeit der SchülerInnen – für Sie ein großes Zeitpolster für Beobachtungen entsteht! In dieser Funktion können Sie Ihren SchülerInnen wertvolles Feedback darüber geben, was Sie im Rahmen der Vorbereitung und Durchführung des Projekts oder der Übungen gesehen haben. Aber: Seien Sie sparsam damit. Und: Überlassen Sie die Bewertungen der Situationen den SchülerInnen selbst. Hier unterscheidet sich die erlebnispädagogische Herangehensweise von Ihrer Rolle als LehrerIn.

6.1 Die Reflexionsschleife

Eine sehr ausführliche Version der Reflexion ist die Reflexionsschleife. Inwiefern diese für die Arbeit mit Ihren SchülerInnen passend ist, können Sie sicher einschätzen. Hier eine gekürzte Version für den Einsatz in Klassen:
- Was ist passiert? Wie ist die Übung abgelaufen?
- Wie hast du dich gefühlt?
- Warum hast du dich so gefühlt?
- Was hätte passieren müssen, damit du dich vollkommen wohl gefühlt hättest?
- Wenn wir die Übung noch einmal genauso durchführen würden, was würdest du anders machen? Warum?
- Was hat diese Übung mit deinem Alltag zu tun? Kennst du Situationen, die mit der Übung vergleichbar sind?

Eine umfangreiche Reflexionsschleife möchte ich Ihnen für Ihren eigenen Gebrauch vorstellen: Korthagen (1999) beschäftigte sich mit der Thematik, wie LehrerInnenbildung verbessert werden kann. Er geht davon aus, dass
1. die eigenen Lernerfahrungen eng damit zusammenhängen, wie LehrerInnen das Lernumfeld für ihre SchülerInnen organisieren. Dadurch wird die Wahrnehmung der unterschiedlichen Voraussetzungen und Lerntypen stark beeinflusst – und beschränkt.
2. während ihrer Ausbildung Lehramtsstudierende Widerstände gegen die Vermittlung bestimmter Inhalte haben, zu einem späteren Zeitpunkt (nach dem Übergang in die Praxis) sich jedoch genau zu diesen Inhalten mehr Wissen wünschen. Korthagen führt dies darauf zurück, dass erst im schulischen Alltag die Notwendigkeit entsteht, auf Wissen zurückgreifen zu wollen. Er

knüpft hier an das Thema Neugier und Lernmotivation an, mit welchem wir uns ja auch mehrfach auseinandergesetzt haben.
3. es einen Widerspruch gibt zwischen abstraktem Wissen und Fähigkeiten, die jedoch nicht für ein schnelles Handeln und Entscheiden im Schulalltag zur Verfügung stehen.

Um diesen Herausforderungen entgegenzutreten, entwickelte er einen ganzheitlichen Ansatz zur Reflexion ganz konkreter Situationen im Schulalltag. Dafür definiert er folgende fünf Komplexe in seinem Reflexionskreislauf:

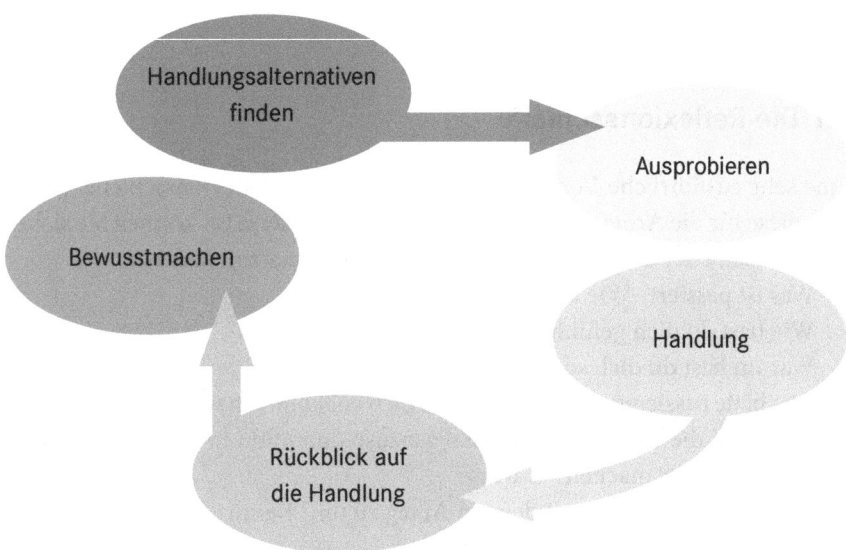

Abb. 13: Reflexionskreislauf nach Korthagen (1999)

Die Reflexionsschleife

1. Handlung
   Rückblick auf die zu reflektierende Handlung – eigene Intentionen stehen im Vordergrund:
   - Was wollte ich in der konkreten Situation erreichen?
   - Was wollte ich besonders beachten?
   - Was wollte ich ausprobieren?

2. Rückblick auf die Handlung
   - Was waren die konkreten Ereignisse?
   - Was wollte ich tun?
   - Was habe ich getan?
   - Wie habe ich mich gefühlt?
   - Was glaube ich, dass die anderen wollten, taten, dachten, fühlten?

3. Bewusstsein der wichtigen Aspekte
   - Was haben die Antworten auf die vorangegangenen Fragen gemeinsam?
   - Was kann auf den Einfluss des Kontexts/der Umgebung (Schule) als Ganzes zurückgeführt werden?
   - Was bedeutet das für mich?
   - Was ist die positive Erfahrung bzw. das Problem?

4. Iternative Handlungsformen gestalten
   - Welche Alternativen kann ich erkennen?
   - Was sind die Vorteile bzw. Nachteile der einzelnen Alternativen?
   - Was beschließe ich das nächste Mal (anders) zu machen?

5. Versuch, Handlungsalternativen zu realisieren
   - Was will ich in der konkreten Situation erreichen?
   - Was will ich besonders beachten?
   - Was will ich ausprobieren?

   nach Korthagen 1999, S. 14

Mit dieser Methode können Sie zum Beispiel auf Situationen während des Projekts zurückschauen. Sie lässt sich (im Lerntagebuch) ebenso immer wieder zwischendurch einfügen, falls Sie aktuell etwas genauer beleuchten möchten.

6.2 Curriculum-Development-Modell

Für die Beobachtung Ihrer eigenen Rolle ist außerdem dieses Phasenmodell hilfreich:
Sollten Sie ein Projekt initiiert haben, welches – angelehnt an meine Lernziele von Autonomie, Selbst- und Mitbestimmung – darauf hinausläuft, dass Ihre SchülerInnen es selbst in die Hand nehmen sollen, hier ein Phasenmodell:

Curriculum Development Modell
1. Erster Kontakt
   SchülerInnen testen Sie als LehrerIn: Was können Sie ihnen anbieten? Können sie Ihnen vertrauen?
2. Familiarisierung
   Sie lernen sich besser kennen. Sie verstehen besser, welche Ideen und Ziele Ihre SchülerInnen haben. Vertrauen und Teilen werden die Grundlage für Ihre Arbeit.
3. Sozialisierung
   Es entsteht eine Beziehung zwischen Ihnen und den SchülerInnen, Erwartungen von beiden Seiten werden geklärt. Rollen und Verantwortlichkeiten werden geklärt. Es werden Regeln für Kommunikation und Kooperation entworfen.
4. Teilhabe
   Die SchülerInnen werden an Mitbestimmung herangeführt, dadurch dass ein Projekt entwickelt wird, welches sich an ihren Interessen und Bedürfnissen orientiert.
5. Involviertheit
   Die SchülerInnen fangen an, aktiv an der Planung und Durchführung teilzuhaben. Sie als LehrerIn bleiben mehr und mehr im Hintergrund. Allerdings sind Sie immer ansprechbar, falls Sie um Rat oder Unterstützung gebeten werden.
6. Organisation
   Die SchülerInnen übernehmen die Verantwortung für die Planung und Durchführung der Aktivitäten komplett selbstständig. Sie als LehrerIn können sich mehr und mehr aus dem Prozess zurückziehen, sind allerdings immer noch ansprechbar, wenn Sie gebraucht werden.
7. Führung
   Die SchülerInnen sind vollkommen unabhängig in ihren Entscheidungen und Tätigkeiten. Sie übernehmen Führungspositionen selbst. Sie werden als LehrerIn nicht mehr gebraucht.

Nach: Coaching Youth Initiatives, 2008
https://www.salto-youth.net/downloads/4-17-938/coaching_guide_www.pdf Zugriff 28.9.2017

Wo befinden Sie sich mit Ihrer Klasse? Welche Schritte haben Sie bereits hinter sich, was können Sie tun, um die nächsten anzustoßen?

6.3 Gruppenphasen

Ich nutze häufig das Gruppenphasenmodell, um sowohl mir selbst als auch der Gruppe, mit welcher ich arbeite, zu verdeutlichen, in welcher Phase wir uns derzeitig befinden.

Falls Sie also mit einer Klasse oder Gruppe in den Prozess eingestiegen sind: Das Phasenmodell eignet sich sowohl zur Reflexion auf der Ebene Ihrer Rolle: Beispielsweise können Sie einordnen, wo Sie sich zurzeit mit Ihrer Klasse/Gruppe befinden. Was sind die nächsten Schritte, um in diesem Prozess weiter zu kommen?

Sie können dieses Modell aber ebenfalls nutzen, um gemeinsam mit den SchülerInnen zu reflektieren.

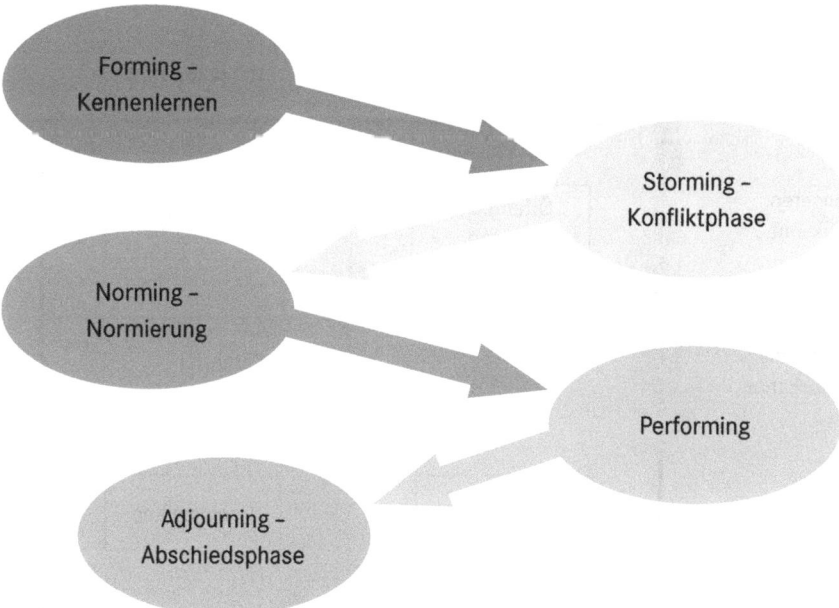

Abb. 14: Gruppenphasenmodell (nach Tuckmann 1965).

Das Gruppenphasenmodell kann SchülerInnen helfen, Situationen und Konflikte besser einzuordnen. Vor allem in der oftmals frustrierenden Phase des »Storming« hilft es, dieses Modell vorzustellen. Damit findet eine Normalisierung der als anstrengend und herausfordernd empfundenen Konflikte statt. Und die SchülerInnen blicken zuversichtlicher auf die Früchte, die sie voraussichtlich bald ernten können. Mehrmals habe ich dieses Modell auch erst am Ende eines Seminars mit den Teilnehmenden betrachtet. Dies hat zu Aha-Momenten geführt. Vor allem wenn es in der Konfliktphase besonders hoch her ging, ich diese aber nicht unterbrochen habe. Dann fand erst im Nachhinein eine Reflexion darüber statt, warum es eben wertvoll sein kann, diese Phase zu erleben und durchzustehen. In der Regel entstehen daraus große Lernmomente.

6.4 Feedback

Das Johari Fenster – Potenzial aus Unbewusstem
Das von Joseph Luft und Harald Ingham entwickelte Johari-Fenster ist ein Persönlichkeitsmodell. Es sieht so aus:

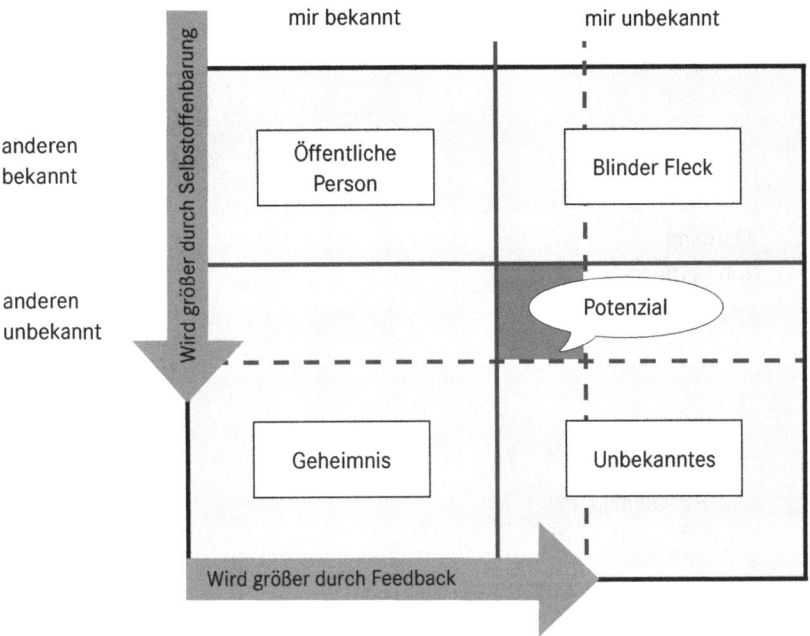

Abb. 15: Das Johari-Fenster, http://www.agateno.com/wp-content/uploads/2014/03/Johari-Fenster-1024x623.png Zugriff 28.9.2017

Was ist das Johari-Fenster?
Johari ist zusammengesetzt aus den Namen der beiden Wissenschaftler **Jo**seph Luft und **Har**ry Ingham. Sie gelten als Erfinder dieser Matrix, mit welcher sie im Jahr 1955 die Unterschiede zwischen Selbst- und Fremdwahrnehmung zu veranschaulichen wussten.

Dafür wird im Johari-Fenster auf eine einfache Weise veranschaulicht: Dinge über uns selbst können uns bekannt oder unbekannt sein. Genauso können anderen Menschen Dinge über uns bekannt oder unbekannt sein. Es wird somit von vier verschiedenen Ebenen ausgegangen. Durch das Verschieben der persönlichen Grenzen (dazu haben Sie etwas im Komfortzonenmodell erfahren) entsteht die Möglichkeit, das eigene Potenzial zu entdecken. In Pfeilrichtung geschieht diese Verschiebung entweder durch Feedback oder Selbstoffenbarung. Ich nutze das Johari-Fenster häufig, um den Sinn von Feedback mit den Teilnehmenden zu klären. Dafür visualisiere ich es entweder als Einstieg oder nach einer Übung zum Thema.

Das vorrangige Ziel des Johari-Fensters ist es, daraus folgend den persönlichen und gemeinsamen Handlungsspielraum zu erweitern. Es soll mehr Sicherheit über die eigenen Stärken entstehen. Wie angesprochen sind Feedback und Selbstoffenbarung die Motoren zur Vergrößerung des linken oberen Feld (Öffentliche Person). Der blinde Fleck (mir unbekannt, anderen bekannt) wird dementsprechend kleiner, genauso wie das eigene Geheimnis kleiner wird. Durch das Fremdfeedback und das Preisgeben werden unbewusste Verhaltensweisen, Eigenschaften etc. bewusster gemacht. Das eigene Selbstbild kann unter Umständen korrigiert werden. Es kann aber auch eine Bestätigung zur Folge haben.

Das Johari-Fenster nutzen
Sollten Sie das Johari-Fenster einsetzen wollen, können Sie es zum Beispiel mit diesen Fragen tun. Hierfür gehen zwei SchülerInnen in ein Gespräch miteinander. Wichtig ist dabei, dass klar ist, wer welche Rolle (Feedback gebende/Feedback nehmende Person) einnimmt. Am Anfang empfehle ich Ihnen, als Hilfestellung einen Zeitrahmen vorzugeben und den Wechsel anzusagen.
- Was zeichnet mich besonders aus?
- Wie unterscheide ich mich von allen anderen Menschen, die du kennst?
- Was sind meine größten Stärken/Schwächen?
- Welche Stärke ist mir persönlich am wenigsten bewusst?
- Bei welchem Problem würdest du sofort an mich denken?
- Womit sollte ich mich deiner Meinung nach noch beschäftigen?
- Was sollte ich noch lernen?
- Was ist dein größter Wunsch an mich, wie sollte ich mehr sein?

Feedback – ein wichtiges Tool zur Persönlichkeitsentwicklung
Ein wertvolles und konstruktives Feedback – zwischen den SchülerInnen selbst und zwischen Ihnen und den SchülerInnen – bietet viel Lern- und Erkenntnispotenzial. Häufig findet es auf einer informellen Ebene statt, der sogenannte *learning buddy talk* darf meiner Meinung nach ruhig auf gleicher Ebene behandelt werden, wie ein formalisiertes Feedback-Gespräch. Damit meine ich beispielsweise Gespräche zu den Übungen und aktuellen Situationen, die in Pausen, auf dem Schulhof oder Nachhauseweg entstehen.

Die formalisierte Version des Feedback – mit einem bestimmten Zeitrahmen und Regeln – sollte nichtsdestotrotz Teil des erlebnispädagogischen Schulalltags sein.

Feedbackregeln
Ich habe bereits Fragen vorgeschlagen, mit denen ein Feedback auf der Grundlage des Johari-Fenster stattfinden kann. Zusätzlich gibt es noch Regeln, die Sie gemeinsam mit den SchülerInnen besprechen und anwenden sollten.

Beachtet folgende Regeln, wenn ihr euch gegenseitig ein Feedback gebt:

Wenn ich jemandem ein Feedback gebe, ist es …
… verstärkend: Ich betone, welche Stärken ich beobachtet habe. Dann kann auch Kritik besser angenommen werden (Sandwich-Methode: Erst etwas Positives, dann Entwicklungsmöglichkeiten, dann noch etwas Positives zum Abschluss).
… genau: Ich beschreibe möglichst genau, was ich in welcher Situation beobachtet habe.
… ehrlich: Alles, was ich sage, ist wahr. Aber ich sage nicht alles, was wahr ist.
… aufbauend: Ich mache Vorschläge, wie es meiner Meinung nach anders sein könnte (Ich finde, du könntest …; Meiner Meinung nach wäre es toll, wenn …)
… persönlich: Ich mache deutlich, dass es sich um meine persönliche Meinung handelt (Ich-Sätze).

Wenn ich ein Feedback erhalte, kann ich
… zuhören: Ich höre mir das Feedback an. Es ist die persönliche Meinung meines Gegenübers. Deshalb muss ich mich nicht verteidigen.
… nachfragen: Ich frage nach, wenn ich etwas nicht verstanden habe.
… auswählen: Es liegt an mir, das für mich Bedeutsame auszuwählen.

6.5 Vielfältige Reflexionsmethoden

Hier noch ein kurzer Blick auf die Geschichte der Reflexion in der Erlebnispädagogik. Denn die Theorien der Reflexion im Kontext erlebnispädagogischen Handelns durchliefen verschiedene Stufen. Vermutlich sind alle Formen noch immer anzutreffen. Die angegebenen Jahreszahlen sind somit eher als Hinweis zu verstehen, wann diese Form der Reflexion besonders präsent und diskutiert war:

Handlungslernen pur – Lernen durch Handeln 1940–1950	Handlungslernen pur bedeutet: learning and doing! In der Erlebnispädagogik ist oft vom Konzept: »The mountains speak for themselves« nach Hahn und Dewey die Rede. Es findet keine explizite Reflexion des Handelns statt, sondern TrainerInnen/LehrerInnen gehen davon aus, dass dies nicht notwendig ist. Es reicht, auf den Berg zu steigen, es zu erleben, um etwas daraus zu lernen. Den SchülerInnen ist selbst überlassen, was sie aus dem Erlebnis für den Alltag, für den Umgang mit anderen oder mit sich selbst ziehen. Die Rolle der PädagogInnen konzentriert sich auf technische, sicherheitsspezifische und organisatorische Aspekte.
Kommentiertes Handlungslernen 1950–1960	»Lernen, indem man etwas erklärt bekommt.« Die SchülerInnen berichten nach der Aktion von ihren Beobachtungen und die LehrerInnen geben Ratschläge zur Verbesserung. Im extremen Fall wird nach der Aktivität von den TrainerInnen/LehrerInnen zusammengefasst, was gut war und was schlecht, was das nächste Mal besser gemacht werden könnte und welche Lernerfahrungen die SchülerInnen mit nach Hause nehmen sollten. Die SchülerInnen brauchen nicht selbst zu überlegen, da die LehrerIn bereits alles – Gutes wie Schlechtes – dargelegt hat.
Handlungslernen durch Reflexion:	
Direktives Handlungslernen 1970–1980	Die LehrerInnen lenken die Entwicklungsrichtung der Aktion, führen gezielt ein, stellen leitende Fragen und benennen Lernziele. Durch das gezielte, direktive Fragen steckt der/die LehrerIn schon im Vorfeld die Richtung der noch zu machenden Lernerfahrung ab. Die Erfahrung wird in gewisser Weise vorweggenommen: »Was könnt ihr bei dieser Übung lernen?« Bereits vor der Aktion wird demnach eine Reflexion über mögliche Entwicklungsrichtungen angeregt. Die SchülerInnen werden auf eventuelle Lernerfolge aus vergangenen Aktivitäten angesprochen, sowie auf Möglichkeiten des Lernens durch die folgende Aktivität. Gefragt wird auch nach vermutetem Alltagsbezug und Wert der Lernerfahrung. Schon im Vorfeld werden die Teilnehmer für voraussichtlich erfolgreiches oder hinderliches Verhalten sensibilisiert.

Metaphorisches Handlungslernen 1980-2000	Analog zur Lebenswirklichkeit haben die Methoden eine Strukturähnlichkeit zum Alltag. Die LehrerInnen/TrainerInnen zeigen den SchülerInnen Analogien zwischen der Aktivität und ihrem Alltag auf, stellen sie »isomorph« gegenüber. Dies wird unterstützt durch Bezüge zu »Archetypen«; z. B. Bergtour symbolisiert Börsengang.
Indirekt-metaphorisches Handlungslernen 1990-2000	Auslösen von gewünschtem Verhalten durch paradoxe Intervention/Provokation. Wenn sich Teilnehmende immer wieder in ähnlichen Mustern verstricken, kann die Deutung der folgenden Erfahrung durch die TrainerInnen vorweggenommen werden. »Normalerweise würdet ihr jetzt Folgendes machen (…), ihr könntet es aber auch folgendermaßen angehen.
Handelndes Reflektieren 1995	Lernen durch selbstgenerierte Metaphern: Handlungstheorien sollen erkannt werden und Handlungsoptionen entwickelt. Wirklich wichtig werden jetzt die Metaphern der SchülerInnen. Es liegt an den TrainerInnen/LehrerInnen und SchülerInnen, diese Metaphern wahr- und ernstzunehmen, sie aufzugreifen, sie zu hinterfragen, mit ihnen zu arbeiten. Eine minutiöse Planung des Trainings ist nicht notwendig, denn der Kurs wird sich entwickeln und die TrainerInnen/LehrerInnen werden aus ihrem profunden Methodenrepertoire die zum jeweiligen Zeitpunkt passende Aktion wählen. So verzichtet zum Beispiel Outward Bound (Outward Bound ist einer der ältesten, weltweiten Anbieter für erlebnispädagogische Seminare) Belgien gänzlich auf eine Kursplanung und verspricht dem Kunden kein Trainingsdesign, sondern situativ, individuell und prozessorientiert zu reagieren und zu arbeiten.

nach Baig-Schneider 2012, S. 182 f.

Nach jeder gehaltvollen Reflexion werden sich unter Umständen die Ziele und angemessenen Herausforderungen verändern. In Folge dessen wird sich dann wiederum eine Auswirkung auf die abgespeicherten Erfahrungen ergeben. Diese stehen bei einer neuen Situation zur Verfügung und werden Einfluss auf das Handeln nehmen.

Die gewählte Handlung kann entweder an alte Handlungsmuster anschließen oder es werden neue Handlungsmuster ausprobiert, vor allem, wenn für die Situation noch keine Erfahrungen existieren. Im Zuge der Umsetzung werden (neue) Erfahrungen gemacht, die danach reflektiert werden. (…) Die Erkenntnisse der Reflexion werden im Rahmen des Reflexionsprozess vom Menschen generalisiert und stehen, je nach Intensität der Erfahrungen (wirkmächtige Erinnerungen) und (positiven) Bewertung, als Handlungsoption« zur Verfügung. Das bewusste Wahrnehmen und Reflektieren ist also die Voraussetzung für den Zuwachs von Wissen, welches dann als Erfahrung abgespeichert wird.

Baig-Schneider 2012, S. 190

> **REFLEXIONSFRAGEN**
>
> Nehmen Sie Ihr Lerntagebuch zur Hand. Und nehmen Sie sich die Zeit, Ihre Aufzeichnungen von Anfang an aufmerksam durchzulesen.
> - Wie geht es Ihnen, wenn Sie diese Aufzeichnungen ansehen? Welche Gefühle tauchen auf? Welche Gedanken, Erinnerungen, Erfahrungen sind Ihnen noch sehr präsent?
> - Gibt es Momente und Erfahrungen, die Sie dazu bewegt haben, etwas zu überdenken? Haben Sie etwas verändert?

6.6 Also Tschüss!

Wir sind fast am Ende angekommen. Auch der Abschied (in jeder Einheit und natürlich vor allem nach einer dauerhaften Zusammenarbeit) sollte Teil Ihrer Planung sein. Er macht das Projekt »rund« und kann die SchülerInnen unterstützen, sich positiv aus dieser Phase zurückzuziehen. Hier mögliche Übungen für das Ende:

> **Name der Übung: Warme Dusche**
>
> **Zeit/Dauer:**
> Je nach Mitteilungsbedürfnis der SchülerInnen zwischen 10 und 30 Minuten
>
> **Gruppe:**
> Ab 10 Jahre, Gruppengröße egal
>
> **Material:**
> Pro SchülerIn ein Blatt, Stifte die nicht durchdrücken, Klebeband
>
> **Warum?**
> Abschied, positives Feedback

Beschreibung:
JedeR bekommt ein Blatt auf den Rücken geklebt. Die Aufgabe ist dann, bei möglichst allen anderen etwas Schönes, Liebevolles, Besonderes etc. über diese Person auf den Rücken zu schreiben (gern mit Musik …). Es kann hier wichtig sein zu betonen, dass es nur positive Sachen sein sollten, die aufgeschrieben werden. Wenn die Schreibtätigkeiten langsam nachlassen, kommen Sie in einem Kreis zusammen. Dann können die SchülerInnen entweder sofort ihre »Briefe« abnehmen und durchlesen oder Sie lassen sie einpacken und alle haben auf dem Nachhauseweg Freude mit den Rückmeldungen der anderen Teilnehmenden.

Quelle:
Nicht bekannt

Name der Übung: Massagekreis

Zeit/Dauer:
5 Minuten

Gruppe:
Ab 8 Jahre, Gruppengröße ist egal

Warum?
Abschied, Entspannung, Spaß

Beschreibung:
Alle werden aufgefordert, sich in einem Kreis zusammenzufinden. Dann drehen sich alle nach links um, so dass jedeR SchülerIn eine Person vor sich stehen hat. Dann werden die Hände auf die Schultern abgelegt und der Vorderperson wird eine Massage verpasst. Nach etwas Zeit drehen sich alle um 180° und bekommen das zurück, was sie gegeben haben.

Quelle:
Nicht bekannt

Name der Übung: Also Tschüss...

Zeit/Dauer:
5 Minuten

Gruppe:
Ab 7 Jahre, Gruppengröße egal

Warum?
Abschied, Ritual

Beschreibung:
Dieses Ritual kann am Ende jeder Einheit durchgeführt werden. Dafür eignet es sich eher als im Rahmen eines kompletten Abschieds aus der Klasse/Gruppe:

Der Text lautet:
Also Tschüss. (2 × auf die Beine klopfen)
Also Tschüss. (2 × auf die Beine klopfen)
Also, also, also, also, also Tschüss. (2 × auf die Beine klopfen)
Also Tschüss, Tschüss, Tschüss, also Tschüss, Tschüss, also, also Tschüss. (winken).

Bei jüngeren Kindern kann der Text zur Gedankenstütze auf ein Flipchart geschrieben und aufgehängt oder laminiert auf Zetteln am Boden ausgelegt werden. Meine Erfahrung ist allerdings, dass der Rhythmus so eingängig ist, dass die SchülerInnen diese Hilfestellung nicht allzu lange brauchen.

Quelle:
Nicht bekannt

7 Methoden, Methoden, Methoden

7.1 Kennenlernen

Name der Übung: Narbengeschichten

Zeit/Dauer:
Kommt auf die Geschichten an.

Gruppe:
Je nach Geduld und Erzählfreude, max. 25 SchülerInnen

Warum?
Kennenlernen
Vertieftes Kennenlernen

Beschreibung:
JedeR darf die spektakulärste und spannendste Geschichte zu einer Narbe erzählen.

Quelle:
Annette Reiners, Praktische Erlebnispädagogik 2

Name der Übung: Partnerinneninterview

Zeit/Dauer:
20 Minuten + 1 Minute Vorstellung pro TeilnehmerIn

Gruppe:
Ab 10 Jahre, bis zu 25 SchülerInnen

Material:
Blätter, Stifte

Warum?
Kennenlernen

Beschreibung:
Die SchülerInnen finden sich zu Pärchen zusammen (oder werden eingeteilt), die sich im Raum oder Gebäude verteilen. Jedes Paar interviewt sich gegenseitig je 10 Minuten (also insgesamt 20 Minuten). Der/die InterviewerIn kann alles fragen, was sie/ihn interessiert: Namen, Wohnort, Arbeit, Alter, Hobbys, Erwartungen, Haustiere, Anekdoten, Erlebnisse, … Wenn es für die Klasse sinnvoll ist, kann die Lehrkraft vorher ein paar Leitfragen anschreiben, an denen sich die SchülerInnen orientieren können.

- Was ging dir auf dem Weg hierher durch den Kopf?
- Was würdest du tun, wenn Geld keine Rolle spielte?
- Als was für ein Tier wärst du gern geboren worden?
- Was möchtest du in 5–10 Jahren sein?

Beim Interview kann es hilfreich sein, sich die Fakten aufzuschreiben. Nach der Interviewphase kommen die SchülerInnen wieder zum Stuhlkreis zusammen. Sie stellen nun eine Minute lang ihre/n jeweilige/n PartnerIn vor (und umgekehrt natürlich auch). Nach jeder Vorstellung wird gefragt, ob der/die Vorgestellte sich gut dargestellt empfindet. Wenn dem so ist, geht es mit einem Applaus und der nächsten Vorstellung weiter. Besondere Hinweise: Weisen Sie die SchülerInnen darauf hin, dass sie selbst auf die Zeit achten sollen, damit beide Interviews etwa gleich lang werden. Die Interviews können auch auf einem Spaziergang stattfinden. Dann wird es allerdings mit dem Aufschreiben schwierig.

Varianten:
InterviewerIn berichtet der Gruppe die vier interessantesten Einzelheiten über InterviewtEn. Eine Einzelheit soll dabei »geschummelt« (von InterviewerIn erfunden) sein. Die ganze Gruppe rät, welches die erfundene Information war.

Wann einsetzen:
Wenn die Gruppe alle Namen kennt und sich die TeilnehmerInnen gegenseitig schon ein bisschen einschätzen können.

Quelle:
Oliver Klee, spielereader.org

Name der Übung: Besonderheiten

Zeit/Dauer:
15-40 Minuten

Gruppe:
Bis 15 SchülerInnen

Warum:
Kennenlernen, Einstieg ins Thema »Vorannahmen«

Beschreibung:
Die SchülerInnen sitzen im Stuhlkreis. Die/der Erste stellt sich vor (Name, Alter, Hobbys, ...). Zuletzt nennt er/sie noch eine ganz spezielle Besonderheit, die ihn/sie von allen anderen Anwesenden unterscheidet. Dies kann im einfachen Fall Äußerlichkeiten betreffen, es darf sich aber auch um Erfahrungen, Eigenschaften oder Ähnliches handeln. Bei der Nennung der Besonderheit kann jede andere TeilnehmerIn Einspruch erheben, wenn sie/er über die gleiche Eigenart verfügt. Dann muss sich die »VorstellerIn« eine andere Besonderheit überlegen.

Mögliche Reflexionsansätze:
Wie leicht/schwer ist es, etwas zu finden, was von den anderen unterscheidet bzw. besonders macht? Sind die Besonderheiten selbstbestimmt? Oder handelt es sich um Dinge, die andere über einen/zu einem sagen?

Quelle:
Annette Reiners, Praktische Erlebnispädagogik 2

7.2 Vielfalt erleben

Name der Übung: Maus/Gesicht

Zeit/Dauer:
45–60 Minuten

Gruppe:
Ab 10 Jahre, bis 24 SchülerInnen

Material:
DIN-A3-Blätter, Filzstifte in vielen Farben, 3 Bild-Vorlagen (Maus, Gesicht, Maus/Gesicht), ein Gruppenraum mit Stühlen und Tischen

Schwerpunkte/mögliche Lernziele:
Entstehung von Stereotypen und Vorurteilen reflektieren
Bedeutung von Vorerfahrungen und Bildern für die eigene Wahrnehmung erkennen
Reproduktion von Stereotypen und Vorurteilen erfahrbar machen

Beschreibung:
Anhand einer Malaufgabe, die je zwei SchülerInnen zusammen, aber auf unterschiedliche Weise durchführen, erleben sie, wie eine Vorprägung zu unterschiedlicher Wahrnehmung geführt hat.
Es ist wichtig, dass der Name dieser Übung den Teilnehmenden vor der Durchführung nicht genannt wird. Die Gruppe wird in zwei Hälften geteilt. Beide Untergruppen sitzen in zwei Stuhlreihen Rücken an Rücken. Achten Sie darauf, dass während der ersten Phase der Übung nicht geredet wird. Betonen Sie, dass es kein Richtig und Falsch bei dieser Übung gibt, und im späteren Verlauf, dass jede Zeichnung so, wie sie ist, gut ist!
Wenn zwei LehrerInnen die Übung anleiten, kann je eine Person einer der zwei Gruppen das Bild zeigen. Der ersten Gruppe wird Bild 1 (Maus) gezeigt. Sie soll es sich kurz (45 Sekunden) anschauen und so gut wie möglich einprägen. Dann wird der zweiten Gruppe Bild 2 (Gesicht) gezeigt. Auch sie soll es sich kurz anschauen und einprägen.
Dann bekommen beide Kleingruppen Bild 3 (Mischform Maus/Gesicht) gezeigt, wobei vorher gesagt wird, dass sie dieses Bild anschließend in Zweiergruppen zeichnen sollen, ohne dabei zu sprechen. Jeweils eine Person aus der ersten Gruppe soll mit einer Person aus der zweiten Gruppe mit einem Stift auf einem Blatt Papier zeichnen. Dabei soll der Stift gemeinsam gehalten werden. Zur Aus-

wertung kommen alle in einem Stuhlkreis zusammen. Jetzt darf wieder geredet werden! Jedes Paar stellt sein Bild vor und sagt, was es darstellt und was die Probleme beim Zeichnen waren.

Mögliche Reflexionsansätze:
Die Moderation legt den Schwerpunkt der Auswertung auf die Bedeutung von Vorerfahrungen für die Vorurteilsentwicklung. Auch wenn sich die Vorerfahrung, wie in der Übung, nicht bestätigt, fällt es schwer, sich für neue Erfahrungen und Bilder zu öffnen.
- Was hat die eine Stuhlreihe im gezeigten Bild wahrgenommen, was die andere?
- Wer hat sich beim Zeichnen »durchgesetzt«?

Quelle:
Bildungsteam Berlin-Brandenburg e. V.
Bildvorlagen auch unter: www.v-r.de/Germonprez

Name der Übung: Knüllzwiebel

Zeit/Dauer:
30–60 Minuten je nach Gruppengröße

Größe
Ab 12 Jahre, bis 15 SchülerInnen (bei größeren Gruppen am besten teilen)

Material:
Buntes Din-A5-Papier in sechs unterschiedlichen Farben, Stifte, Fragen, ein Gruppenraum mit Stuhlkreis

Warum?
Gegenseitiges Kennenlernen
Vertraute Atmosphäre schaffen
Gruppenzugehörigkeit/Identität erkennen
Vielfältigkeit der Gruppe und der einzelnen Personen erkennen
Erkennen, dass jeder Mensch mehrere Rollen erfüllt

Beschreibung:
Die SchülerInnen nehmen sich jeweils sechs DIN-A5-Blätter in unterschiedlichen Farben. Es wird eine Frage zu einer Person gestellt und die Antwort wird auf einem der Blätter (die Farbe ist vorgegeben und für alle dieselbe) notiert und das Blatt dann zusammengeknüllt. Danach wird die zweite Frage gestellt und dieses Blatt wird um den ersten Zettel geknüllt, sodass am Ende ein Ball mit mehreren Schichten entsteht. Alle Bälle werden in die Mitte geworfen und gemischt. JedeR nimmt sich einen Ball. Eine Person beginnt, entfaltet den Ball Schicht für Schicht und versucht, anhand der Antworten die Person zu erkennen bzw. zu erraten. Die anderen SchülerInnen können gern mitraten. Wenn die betreffende Person erraten wurde, ist sie als Nächste an der Reihe usw.

Es kann nach folgenden Dingen gefragt werden:
- ein äußeres Merkmal von mir (z. B. trage gern Silberohrringe, Turnschuhe, …),
- ein Interesse von mir (Hobbys, Sport, Filme, Musik),
- etwas Typisches von mir (Gestik, Sprache, Auftreten),
- etwas, das andere an mir mögen,
- eine Eigenschaft, die ich an mir mag,
- etwas, das mir wichtig ist in meinem Leben (z. B. Familie, FreundInnen, Werte).

Mögliche Reflexionsansätze:
Es werden erst alle Fragen beantwortet, dann entscheiden die SchülerInnen, welche Antwort ihnen am wichtigsten ist. Diese kommt in die Mitte. Dann wird nach absteigender Wichtigkeit weiter bis nach außen geknüllt.
- War es einfach zu erraten, welche Person du gezogen hast?
- Ist es euch schon einmal passiert, dass ihr ein bestimmtes Bild von einer Person hattet und das dann überhaupt nicht gestimmt hat?

Quelle:
Bildungsteam Berlin-Brandenburg e. V.

Name der Übung: Wo steh ich?

Zeit/Dauer:
30 bis 60 Minuten

Gruppe:
Ab 12 Jahre, bis zu 26 SchülerInnen

Material:
Liste der möglichen Kriterien zur Aufstellung

Raum:
Gruppenraum mit genügend Platz für die Aufstellung

Schwerpunkte/mögliche Lernziele:
Reflexion der eigenen sozialen Position(en) und Einstellungen
Verortung innerhalb der Gruppe
Wahrnehmung der eigenen Verortung und der Verortung der anderen Gruppenmitglieder, der Rahmenbedingungen

Beschreibung:
Alle SchülerInnen stellen ihre Stühle zur Seite und stehen im Raum. Die Lehrkraft erläutert das Vorgehen am besten anhand eines ersten Beispiels.
»Bitte stellt euch alle in eine Reihe und sortiert euch dabei nach dem Anfangsbuchstaben eures Nachnamens. A ist bei der Tür, Z an der Tafel.« Dann werden die Namen abgefragt. Die Form der Übung ist nun deutlich. Im Laufe der Zeit

fügt die Lehrkraft noch hinzu, dass die Themen eine Selbsteinschätzung sind und andere aus der Gruppe nicht bestimmen können, wo jemand sich einordnet, denn jede Person kann es nur über sich selbst sagen. Auch ist es immer die eigene Entscheidung, sich inhaltlich zum eigenen Standpunkt zu äußern. Die Lehrkraft fragt die SchülerInnen, ohne auf eine Antwort zu drängen.

Mögliche Kriterien der Aufstellung:
- nach der alphabetischen Reihenfolge der Nachnamen (A–Z),
- nach dem Alter (jung – alt),
- nach der Augenfarbe (hell – dunkel),
- nach der Länge des Schulwegs (1 Minute – 2 Stunden),
- nach der Entfernung der Herkunftsorte der Eltern (oder Großeltern) (weit weg – direkt hier),
- nach dem Glauben (»Ich glaube sehr stark an etwas« – »Ich glaube an gar nichts«),
- nach der Häufigkeit des eigenen Andersseins (»Ich bin häufig anders, als andere von mir erwarten« – »Ich bin immer so, wie andere es von mir erwarten«),
- nach den eigenen Ausgrenzungserfahrungen (viel ausgegrenzt – wenig ausgegrenzt),
- danach, ob die SchülerInnen mitbekommen haben, wie andere ausgegrenzt wurden (viel mitbekommen – gar nicht mitbekommen),
- danach, ob die SchülerInnen neugierig auf die Lebensgeschichten, Lebensweisen und Lebensvorstellungen von anderen Menschen sind (sehr neugierig – interessiert mich nicht),
- nach der Meinung zu dem Satz: »Alle Menschen sollen die gleichen Rechte haben« (»Ja, dem stimme ich zu« – »Nein, dem stimme ich nicht zu«)

Mögliche Reflexionsansätze:
- Wie ging es euch mit den Aufstellungen?
- Was war neu oder überraschend für euch?

Zusätzliche Informationen:
In manchen Klassen mögen die SchülerInnen viel über ihre Haltungen und Erfahrungen mitteilen. Dies ist gewollt und dem wird von der Lehrkraft ein sicherer, wertschätzender Rahmen geboten, indem sie für Aufmerksamkeit sorgt und sich zum Beispiel für einen ausführlichen Redebeitrag bedankt.

Quelle:
Bildungsteam Berlin-Brandenburg e. V.

Name der Übung: Schimpfwörter-ABC

Zeit/Dauer:
60 Minuten

Gruppe:
Ab 12 Jahre, maximal 20 Personen, besser kleinere Gruppen

Material:
DIN-A3-Blätter mit den Buchstaben A–Z, Stifte

Schwerpunkte/mögliche Lernziele:
Begreifen, dass Abwertung aus einem Verhältnis von konstruierter Norm und Abweichung entsteht
Verstehen von Hierarchisierungen

Beschreibung:
1. Mit je einem Buchstaben des Alphabets beschriftete Blätter werden im Raum auf dem Boden verteilt.
2. Die SchülerInnen werden aufgefordert, ihnen bekannte Schimpfwörter auf das entsprechende Blatt zu schreiben.
3. Nach dem Sammeln werden die Schimpfwörter klassifiziert. Welche Arten von Beschimpfungen gibt es: z. B. Tiernamen, geschlechtliche und sexuelle, rassistische, auf den Körper bezogene, auf sozialen Ausgrenzungen basierende Begriffe ... Die Sortierung kann z. B. durch verschiedenfarbige Umrahmungen verdeutlicht werden.
4. Im Folgenden auf eine Gruppe von Schimpfbegriffen konzentrieren. Die Frage lautet: Was erfahren wir über die Normen, die in den Begriffen stecken, z. B. wie Menschen als Männer und Frauen sein sollen? Diese Norm wird über die Abweichung konstruiert. Die Norm-Rekonstruktion stellt große Ansprüche an das abstrahierende Denken, was mit der konkreten Bearbeitung der Schimpfbegriffe gut geht.
5. Im weiteren Schritt wird herausgearbeitet, für wen die Aufstellung und Erfüllung der enthaltenen Normen einen Vorteil bietet und wer damit Schwierigkeiten hat.
6. Es kann verdeutlicht werden, dass die aufgestellte Norm nicht nur auf die Personen wirkt, die als Abweichung konstruiert werden, sondern ebenso einen Druck auf die ausübt, die die Norm ausfüllen wollen/sollen.

Variante

Als Variante können die SchülerInnen danach gefragt werden, welches Schimpfwort sie persönlich am meisten trifft. In dieser Variante ist eine Veröffentlichung einer persönlichen Verletzbarkeit beinhaltet. Damit riskiert der/die Einzelne, den anderen eine Angriffsmöglichkeit zu bieten. Zugleich bietet sich die Chance, eine andere Intensität herzustellen, die dazu führt, dass größere Sensibilität im Umgang miteinander entsteht. Fragen Sie die SchülerInnen, was sie mit dem Wissen, welche Wörter die anderen am meisten verletzen, anfangen können. Einerseits könnten sie nun gezielter verletzen, andererseits aber auch diese Wörter vermeiden. Es gibt in diesem Sinne kein »unschuldiges Beschimpfen« mehr, vielmehr können sich die Jugendlichen mit ihrer Verantwortung in verbalen Attacken auseinandersetzen.

Mögliche Reflexionsansätze:

Zur Auswertung kann mit einer Skizze das Prinzip gezeigt werden, wie die Norm über die Abweichung hergestellt wird. Ein Beispiel: Der Heterosexuelle (die Norm) – die Homosexuelle (die Abweichung) – die Heterosexuelle ist nicht wie der Homosexuelle.

Stolpersteine:

Durch das Schimpfwörter-ABC werden immer auch Schimpfwörter mobilisiert. Es besteht die Gefahr, dass diese mobilisierten Schimpfwörter auch zum Zweck der Abwertung gegenüber anderen genutzt werden. Das Schimpfwörter-ABC beinhaltet die Gefahr, dass Schimpfbegriffe überhaupt erst veröffentlicht werden, die ansonsten aus der Öffentlichkeit verbannt sind. Die Lehrkraft sollte also in der Lage sein, mit allen Begriffen arbeiten zu können. Wenn absehbar ist, dass eine analytische Einsicht in das dargestellte Norm-Abweichung-Modell keine produktiven Diskussionen bewirken wird, sollte die Übung nicht durchgeführt werden.

Zusätzliche Informationen:

Das Schimpfwörter-ABC macht den Mechanismus der Herstellung von Norm und Abweichung als Voraussetzung für Hierarchisierungs- und Ausgrenzungsprozesse deutlich. Zum einen werden Besonderheiten von geschlechtlichen, sexuellen, rassistischen, sozialen und anderen Abwertungen herausgearbeitet, zum anderen wird der gemeinsame Mechanismus deutlich. Konkrete Verschränkungen werden in kombinierten Schimpfwörtern deutlich.

Quelle:

Bildungsteam Berlin-Brandenburg e. V., Jungs e. V.; Duisburg und HVHS Frille

7.3 Problemlöseaufgaben

Name der Übung: Moorpfad

Zeit/Dauer:
45 bis 60 Minuten

Gruppe:
Ab 10 Jahre, 20 bis 30 SchülerInnen

Material:
Teppichfliesen (mindestens eine weniger als Anzahl der Spieler), Seile, Augenbinden

Schwerpunkte/mögliche Lernziele:
Kooperation, strukturelle Ungleichheiten erkennen und thematisieren

Beschreibung:
Die SchülerInnen befinden sich auf dem Festland und wollen auf eine Insel, die weiter entfernt liegt. Beide Inseln sind Kreise, welche Sie mit einem ca. 15 Meter langen Seil ausgelegt haben. Der Abstand richtet sich dabei nach der Gruppengröße und danach, wie schwer oder einfach Sie die Übung gestalten wollen. Als Richtwert kann etwa 1,5–2 Meter pro Schülerin gelten. Bei genügend Zeit können die TeilnehmerInnen auch noch von der Insel in eine weitere Stadt reisen (ebenfalls gekennzeichnet durch ein Seil). Jedoch kann die Gruppe nicht einfach über die Wiese auf die Insel. Sie muss durch den Sumpf.

Je nach Gruppenstärke werden Platten ausgehändigt. Die Gruppe beginnt an der Startlinie und legt die erste Platte auf den Weg (den Sumpf) und betritt diese. Jedoch muss die Platte immer berührt sein, ob mit Hand, Fuß oder einem anderen Körperteil, ist egal.

Falls eine Platte nicht berührt wird, geht sie verloren. Gehen zu viele Platten verloren, können Sie sich etwas einfallen lassen um eine Platte wieder zurück zu erobern. Hier ist Ihre Kreativität gefragt.

Ziel des Spiels ist es, gemeinsam als Gruppe die Insel bzw. anschließend die Stadt zu erreichen. Sie müssen gemeinsam eine Taktik entwickeln, um dies zu schaffen.

Variante:
Sie teilen die Gruppe in zwei Kleingruppen, die von zwei unterschiedlichen Startpunkten beginnen. Es gibt in den jeweiligen Kleingruppen Regeln, die sich von denen der anderen Gruppe unterscheiden. Beispiele können sein: Alle müssen sich berühren; mit dem Kopf nicken bedeutet nein, den Kopf schütteln bedeutet ja; Augenkontakt wird vermieden. Hier sind Ihrer Fantasie kein Grenzen gesetzt. In dieser Variante darf nicht gesprochen werden. Außerdem gilt: Wenn eine Person den Boden berührt, muss sie in die andere Gruppe wechseln. Es wird keine Information darüber gegeben, dass sich die Regeln in den beiden Gruppen unterscheiden.

Mögliche Reflexionsansätze:
Nach der Variante können folgende Themen besprochen werden:
- Was ist dir aufgefallen, als du in die andere Gruppe gewechselt hast?
- Wie war das für dich?
- Was hast du gemacht? Hast du dich angepasst, hast du weiter nach deinen Regeln gespielt?
- Hat sich etwas verändert, als weitere Personen aus deiner »alten« Gruppe wechselten?

Name der Übung: Plane wenden

Zeit/Dauer:
10–60 Minuten

Gruppe:
Ab 8 SchülerInnen, bis max. 20, je nach Plane

Material:
Plane

Schwerpunkte/mögliche Lernziele:
Rollen und Empathie, Sensibilisierung für Verschiedenheit

Beschreibung:
Es liegt eine Plane auf dem Boden. Die Gruppe stellt sich auf die Plane. Die Aufgabe besteht darin, die Plane auf die andere Seite zu drehen. Dabei darf der Boden

außerhalb der Plane nicht berührt werden. Ich führe diese Übung meist mit einer Planungszeit durch. Dann darf die Gruppe die Plane erst bei Beginn des ersten Versuchs betreten bzw. berühren. Die Planungsphase kann je nach Gruppe zwischen 8 und 15 Minuten in Anspruch nehmen.

In dieser Variante werden außerdem vor Beginn der Planungsphase Verhaltensweisen zugeteilt. Die SchülerInnen werden aufgefordert, diese bis zum Abschluss der Übung einzunehmen.

Am Ende der Übung wird jedeR gebeten, die eigene Charakterisierung vorzulesen und den Zettel dann in einen Mülleimer in der Mitte zu werfen. Es ist wichtig, den Weg aus der Rolle hinaus zu begleiten!

Zusätzliche Informationen:
Beispiele für Verhaltensweisen:
- Ich halte mich am liebsten bei Personen auf, denen ich dasselbe Geschlecht zuschreibe wie mir selbst.
- Während ich mit anderen spreche, berühre ich diese gern an Hand, Unterarm oder Schulter.
- Mir ist es am liebsten, wenn zwischen mir und anderen ein recht großer körperlicher Abstand besteht.
- Ich arbeite sehr gewissenhaft und mit einer großen Liebe zum Detail.
- Ich bin besorgt darum, dass es allen gut geht und sich niemand verletzt.
- Ich spreche kein _____ (deutsch bzw. mehrheitliche Kommunikationsform in der Gruppe).
- Mir ist das Erreichen des Ziels/die Lösung der Aufgabe wenig wichtig. Ich lege mehr Wert darauf, mit den anderen Personen zu reden und Spaß zu haben.
- Mir ist es wichtig, alle Meinungen zu hören, bevor ich mich für eine Lösung entscheide.
- Ich spreche nur, wenn ich direkt angesprochen und nach meiner Meinung gefragt werde.
- Ich vermeide das Wort »Nein«. Wenn ich meine Meinung/mein Befinden äußere, drücke ich dies positiv aus.

Mögliche Reflexionsansätze:
- Wie leicht/schwer ist es dir gefallen, dich in deine Rolle einzufinden? Warum?
- Wie war dein Zusammenspiel mit den anderen? Was hat dieses erleichtert/erschwert?

Problemlöseaufgaben

Name der Übung: Nikolaus und Pentagramm

Zeit/Dauer:
45–60 Minuten

Gruppe:
Ab 10 Jahre, max. 20 SchülerInnen

Material:
Ein ca. 50 m langes Seil
Pentagramm auf einem DIN-A4-Blatt
Nikolaushaus auf einem DIN-A4-Blatt

Schwerpunkte/mögliche Lernziele:
Kooperation, Kreativität, Vorannahmen entrinnen

Beschreibung:
Das Seil liegt, an den Enden zusammengeknotet, auf dem Boden.
Die erste Aufgabe der Gruppe ist es, mit dem Seil ein möglichst gleichschenkliges Pentagramm zu legen.
Die zweite Aufgabe besteht darin, aus dem gleichen Seil das Nikolaushaus zu legen. Jetzt darf jedoch nicht mehr gesprochen werden.

Mögliche Reflexionsansätze:
- Was war die Schwierigkeit bei der Lösung der zweiten Aufgabe?
- Woher kennt ihr diese Schwierigkeiten?

Zusätzliche Informationen:
Die Schwierigkeit der Aufgabe liegt darin, dass für die zweite Aufgabe der Knoten im Seil aufgelöst werden muss. Anders kann das Nikolaushaus nicht gelegt werden. Dieser Schritt – der Gewohnheit zu entkommen – ist entscheidend für kreative und innovative Problemlösungen.

Quelle:
Annette Reiners: Praktische Erlebnispädagogik 2

7.4 Feedback und Reflexionsmethoden

Name der Übung: Lernsteine

Zeit/Dauer:
Über einen längeren Zeitraum, z. B. während der Projektlaufzeit

Gruppe:
Ab 8 Jahre, Größe der Gruppe egal

Material:
Kleine »Edelsteine«, Gruppengröße geteilt durch 4

Schwerpunkte/mögliche Lernziele:
Sensibilisierung für die Stärken und positiven Beiträge von anderen

Beschreibung:
Am Anfang des Projekts werden die »Edelsteine« eingeführt: »Diese Steine sind Lernsteine. Diejenigen, die einen Lernstein von mir bekommen, haben die Aufgabe, ihn bei der nächsten Gelegenheit weiterzugeben. Gebt den Lernstein an jemand weiter, der/die zum Beispiel besonders mutig etwas von sich preisgegeben hat, von dem/der du etwas Besonderes erfahren oder gelernt hast oder der/die etwas gesagt oder getan hat, was dich berührt hat. Wenn du den Lern-

stein weitergibst, dann kannst du der anderen Person sagen, warum du ihn an sie weitergibst.«

Stolpersteine:
Es ist wichtig, nicht zu viele Steine in Umlauf zu bringen, da sonst die TeilnehmerInnen genervt sein können vom ständigen Steineloswerden.

Quelle:
Annette Reiners, Praktische Erlebnispädagogik 2

Name der Übung: Gefühlsbarometer

Zeit/Dauer:
2-30 Minuten

Gruppe:
Ab 8 Jahre, Gruppengröße egal

Material:
Tabelle (möglichst groß) mit Gefühlen und Namen der SchülerInnen, Stifte, Gegenstände

Beschreibung:
In die Tabelle werden die Namen eingetragen (1. Spalte). Dann werden Daten eingetragen (1. Zeile). Die SchülerInnen malen auf, wie es ihnen geht. Es können auch Gegenstände (möglichst unterschiedliche, kleine) aufgeklebt werden. Es gibt eine Legende, welche Farben/Gegenstände für welche Gefühle stehen.

Name	Gefühl	Symbol/Gegenstand

Legende

Name der Übung: Wetterbericht

Zeit/Dauer:
5-20 Minuten

Gruppe:
Ab 7 Jahre, Gruppengröße ist nicht relevant

Material:
Flipchart mit verschiedenen Wetteraussichten

Beschreibung:
Auf einem Flipchart (quer) werden oben (1. Zeile) verschiedene Wetterbedingungen aufgemalt (sonnig, bewölkt, Regen, Gewitter etc.). Die SchülerInnen können dann mit einem Punkt kenntlich machen, wie es Ihnen gerade geht. Der »Wetterbericht« kann Ausgangspunkt für ein anschließendes Gespräch sein. Sie können in den Zeilen darunter verschiedene Daten eintragen (so wie beim Gefühlsbarometer). Auf diese Weise lässt sich (beispielsweise) nach jeder Einheit ein aktueller Wetterbericht abfragen. Am Ende des Projekts kann dann der Prozess nachvollzogen werden. Mit welcher Stimmung sind wir gestartet? Wie war die Entwicklung? Wo war besonders viel Gewitter angesagt? Hier können Sie übrigens Bezug zu den Gruppenphasen herstellen (siehe Kapitel 6.2).

Name der Übung: 0%–100%

Zeit/Dauer:
Je nach Menge der Aussagen

Gruppe:
Ab 10 Jahre, bis zu 20 Personen

Material:
Markierungen auf dem Boden/an der Wand mit +/- oder 0%/100% jeweils gegenüber

Beschreibung:
Die SchülerInnen positionieren sich, je nachdem, wie stark/schwach sie einer Aussage zustimmen, auf der Linie zwischen »ganz« und »gar nicht«. Die Aussagen können auf verschiedenste Themen/Inhalte/Ziele der Übung/des Tages etc. abgestimmt sein. Ich empfehle Ihnen die Fragen von »eher unpersönlich/unverfänglich« zu »sehr persönlich/emotional« aufzubauen. Nach jeder Frage (wahlweise auch nach ausgewählten Fragen) können diejenigen, die möchten, sich zu ihrer Positionierung äußern. Ich habe oft erlebt, dass aus den Fragen zum Ende hin ein Gespräch entstanden ist. In diesem Moment ist es möglich, sich von der Methode zu lösen und in eine moderierende Rolle überzugehen.

8 Falls Sie noch nicht genug haben ...

> Do the best you can until you know better.
> Then when you know better, do better.
> *Maya Angelou,* http://pioneerthinking.com/
> do-the-best-you-can-maya-angelou, *13.6.2017*

Dieses Buch zu schreiben war ein Prozess, der begleitet war von vielen Diskussionen, neuen Erkenntnissen und eigenen Erfahrungen, die meine Perspektive veränderten. Was Sie in Händen halten, hat wenig mit dem ersten Manuskriptentwurf zu tun. Die Struktur hat sich mehrmals verändert und vieles Geschriebene habe ich gelöscht, ersetzt, umformuliert. Einige Gedanken finden Sie hier als Angebot für vertiefte Einblicke.

8.1 Lernen und Motivation

Setzen wir die psychologische Brille auf, ist Lernen einer der zentralen Begriffe, bei dem sich psychologische und erlebnispädagogische Theorien in Verbindung bringen lassen. Erlebnisse stehen im direktem Zusammenhang mit Lernen bzw. können als Grundlage dafür angesehen werden. Als wir uns mit dem Schwerpunkt Lernen beschäftigt haben, gerieten folgende Fragen in den Fokus: Wann lernen wir und warum? Gibt es so etwas wie intrinsische (also vom Individuum ausgehende) und extrinsische (also durch die Umstände verursachte) Motivation? Was sind eigentlich unsere eigenen Motive und Motivationen, um zu lernen? Im ersten Teil des Buchs bin ich vor allem auf den Bereich der Handlungsfähigkeit eingegangen. Hier möchte ich Ihnen noch diesen Blickwinkel vorstellen:

Es existieren diverse Vorstellungen von »Persönlichkeit« des Menschen. Mit diesen – teilweise sehr kontroversen und widersprüchlichen – Vorstellungen gehen unterschiedliche Theorien einher, wie Lernen stattfindet. Grob kann unter Persönlichkeit ein Konzept verstanden werden, welches sich mit den individuellen Voraussetzungen des Einzelnen beschäftigt.

Freuds psychodynamische Theorie
Als einflussreicher Vertreter der psychodynamischen Theorien wird zumeist Freud genannt. In seiner psychoanalytischen Persönlichkeitstheorie ging er davon aus, dass der Mensch ein Energiesystem ist. Nach Freud (1917) kann es sich im Gleichgewicht oder Ungleichgewicht befinden. Energie wird in verschiedenen Formen aufgebaut, gespeichert und abgezogen. Für diese Prozesse existieren bestimmte Gesetzmäßigkeiten. Ein Großteil der bestimmenden Kräfte, so vermutete Freud, liegt außerhalb des Bewusstseins des Menschen. Dement-

sprechend viel Energie muss darauf verwendet werden, akzeptable Ausdrucksmöglichkeiten des Unbewussten zu finden oder dieses unbewusst zu halten. Handlungen können somit verdeckt oder offen verschiedene Motive zum Ausdruck bringen. Nach Freud lassen sich grundsätzlich alle Motive auf aggressive (Destruktionstrieb) oder sexuelle Triebe (Libido) zurückführen. Der Wunsch nach Bedürfnisbefriedigung gerät wiederkehrend in Konflikt mit gesellschaftlichen Anforderungen.

Subjektive Funktionalität und Unbewusstes
Interessant ist das Konzept des Unbewussten. Es gilt als eine wesentliche Voraussetzung für die Entstehung von Motivation bzw. Motiven. Ein Großteil unseres motivierten Handelns wird von unbewussten Motiven geleitet. Die Erklärung bestimmter Handlungen können in diesem Konstrukt, vor allem wenn sie in Konflikt mit den gesellschaftlichen Anforderungen stehen, keine tatsächlichen, sondern vorgeschobene Erklärungen sein. Das bedeutet allerdings nicht, dass Personen »bewusst« unwahre Erklärungen für ihre Motivationen oder ihr Verhalten liefern. Vielmehr liegen die Beweggründe im Unbewussten. Sie können wegen des Eingebundenseins in ein System nicht offengelegt werden. Dies hätte sonst zur Folge, dass die Person im »System« nicht mehr funktional handeln könnte.

Ein kleiner Selbstversuch: Kommen Sie einer (unbewussten) Gewohnheit auf die Spur. Dafür können Sie sich entweder selbst auf die Suche machen (vielleicht fällt Ihnen ja sehr schnell schon etwas ein) oder Sie befragen einen Mitmenschen (meist fällt diesem sehr schnell etwas ein). Nehmen Sie sich vor, diese Gewohnheit wahlweise eine Stunde, einen Tag, eine Woche (beliebig auszudehnen) bewusst zu verändern.

Reflexionsfragen:
- Was bedeutet das für Sie: *bewusst* und *unbewusst*?
- Erinnern Sie sich an eine Handlung/Reaktion, die im Nachhinein betrachtet aus einem unbewussten Motiv heraus entstanden ist?
- Welche Erklärungen hatten Sie zum Zeitpunkt der Reaktion/Handlung und/oder kurz danach? Welche Erklärung haben Sie jetzt?
- Welche Beispiele kennen Sie für »gesellschaftliche« (zum Beispiel an Normen oder Werte gebundene) Erklärungen, wenn Sie auf bestimmte Art und Weise handeln?
- In welchen Situationen werden Ihnen Widersprüche zwischen Ihrer Handlung und gesellschaftlichen Vorstellungen bewusst?

Lernen und Motivation

Behavioristische Lerntheorien
Als Gegenentwurf zu den psychodynamischen Theorien können die behavioristischen betrachtet werden. Nach der Konzentration auf das »Innere« des Menschen gingen BehavioristInnen vom Individuum als »Blackbox« aus (Asendorpf 1996). Begriffe wie »Seele« oder »Bewusstsein« wurden vermieden, da die Innenwelt des Menschen nicht als Gegenstand einer naturwissenschaftlichen Methode angesehen werden sollte. Analysierbar wurde dadurch lediglich das Verhalten, die beobachtbare Veränderung des Körpers in der aktuellen Situation.

Der Behaviorismus ist im strengen Sinne eine Lerntheorie. Die Reiz-Reaktionstheorie beschreibt die menschliche Entwicklung als vorhersagbar, erklärbar und bewusst von außen veränderbar. Die körperlichen Veränderungen werden dabei systematisch mit Veränderungen in der Umgebung in Verbindung gesetzt.

Reiz-Reaktions-Lernen und instrumentelles Lernen
Beim Reiz-Reaktions-Lernen ist die Person weitestgehend reaktiv. Auslöser einer Reaktion ist ein bestimmter Reiz. Bekannt sind z. B. die Experimente Pawlows mit Hunden. In dieser Theorie taucht schnell die Frage nach Motivationen und Emotionen auf. Wodurch wird ein solches Lernen unterstützt bzw. verhindert? Eine Theorie, die sich vor allem auf beobachtbares Verhalten stützt, kann natürlich keine Antworten darauf anbieten.

Das instrumentelle Lernen ist bestimmt durch Verstärkung. Die Konsequenz eines Verhaltens wird als Grund angesehen, dass es zukünftig wieder auftritt. Konsequenzen können eine positive oder negative Verstärkung, Bestrafung oder Löschung sein. Es existiert kein Begriff von Erlebnis. In diesem Konzept ist es nicht zulässig, über Hoffnung, Erwartung oder Befürchtung einer bestimmten Konsequenz zu sprechen. Es geht vielmehr um eine Bestimmung der Wahrscheinlichkeit, mit der ein bestimmtes Verhalten auftritt.

Erlebnispädagogik und Behaviorismus
Im Hinblick auf Erlebnispädagogik ist diese Persönlichkeitstheorie nur bedingt fruchtbar für tiefgehende Erkenntnisse. Schließlich handelt es sich bei einem Erlebnis um eine innere Qualität. Es kann demnach nur in einem Konzept analysiert werden kann, welches ein Inneres des Menschen zulässt. Allerdings haben behavioristische Vorstellungen immer noch einen großen Einfluss auf den Alltag in Schulen. Beispielsweise im Hinblick darauf, wie Lernen abläuft oder organisiert wird. Hier sei der sogenannte »Nürnberger Trichter« genannt, wonach Wissen durch einen Trichter »einfach nur von außen in die Köpfe eingeschüttet« werden muss.

Erste Übergänge zum sozial-kognitiven Paradigma
Der radikale Behaviorismus wurde bald nur noch von wenigen ForscherInnen vertreten. Der Neobehaviorismus ließ bereits hypothetische Konstrukte wie Gedächtnis oder Motive zu. Er ging davon aus, dass Situationen bereits selektiv aufgesucht, verändert, vermieden und hergestellt werden. Somit nimmt die Persönlichkeit Einfluss auf den Lernprozess, der/die Lernende ist aktiv. Diese Annahme einer Aktivität von Lernenden markiert den Übergang zum sozial-kognitiven Paradigma.

Sozial-kognitive Theorien
Aus der Kritik an den radikalen, behavioristischen Theorien entwickelte sich in den 1950er-Jahren das sozial-kognitive oder Informationsverarbeitungs-Paradigma. Es entstand interdisziplinär aus Informatik, Linguistik, Philosophie und Neurowissenschaften. Der Mensch wird als informationsverarbeitendes System, angelehnt an die Funktionsweisen eines Computers, angesehen.

> Die Grundannahme, dass der Mensch als informationsverarbeitendes System und als aktiver Konstrukteur seines Wissens zu betrachten ist, impliziert zunächst, dass das interne Selbstmodell und die sie konstituierenden Einheiten zu verstehen sind als die jeweils zu einem Zeitpunkt gegebenen Endprodukte, die aus dem Prozess der Verarbeitung selbstbezogener Informationen resultieren. Fillip 1984, S. 131

Der sogenannte Input wird demnach selektiv und bedürfnisgeleitet dekodiert. Er führt zu einer internen Repräsentation (Kognition), wird verarbeitet und mündet in einem bestimmten Output. Im Mittelpunkt des sozial-kognitiven Paradigmas steht dabei das »Wie« der Informationsverarbeitung. Dieses »Wie« sind die internen, mentalen, geistigen Prozesse.

8.2 Lernen ist Begriffsbildung

Veränderung von Erlebens- und Verhaltensweisen
Sehr allgemein beschreibt Lernen den Prozess zum Erwerb von Erlebens- und Verhaltensweisen, welcher durch eine Interaktion mit der Umwelt zustande kommt. Lernen kann zur Unterdrückung oder zu Veränderungen von Erlebens- und Verhaltensweisen führen, wenn diese keine Befriedigung (gleich welcher Art) bringen. Kurzum: Lernen bedeutet eine Veränderung des Erlebens und Verhaltens aufgrund von individuellen Erfahrungen in bzw. mit der Umwelt.

Lernen ist Begriffsbildung

Begriffsbildung und Wissenserwerb
Ich gehe davon aus, dass durch kognitive Vorgänge Begriffe und Wissen über die Welt und die eigene Person gewonnen werden. Solche Vorgänge sind Wahrnehmung, Vorstellung, Denken, Aufmerksamkeit, Bedeutung, Problemlösen, Bewusstheit. Diese Kognitionen sind untrennbar mit Emotionen und Motivation verbunden. Für die Erlebnispädagogik ist eine solche Theorie des Lernens besonders interessant, da sie eine aktive Rolle der Personen vorsieht.

Begriffe sind Unterscheidung und Beziehung
Mit Begriffsbildung ist nicht Spracherwerb gemeint. Es geht nicht darum, Worte für bestimmte Gegenstände, Sachverhalte, Zustände, Tätigkeiten zu erlernen. Der Begriff schreibt dem Wort eine Bedeutung zu. Dies geschieht durch
- die Unterscheidung von anderen Begriffen (multiple Diskrimination): Ein Basketball ist kein Fußball und ein Fußball ist kein Volleyball.
- ein »In-Beziehung-Setzen« mit anderen Begriffen (Bildung von Oberbegriffen). Fußbälle, Volleybälle und Basketbälle gehören zur Kategorie der »Bälle«.

Der Erwerb von Begriffen ist demzufolge eng verknüpft mit der Schaffung gemeinsamer Bedeutungen. In diesem Zusammenhang kann an die Interaktion mit Kleinkindern gedacht werden. Der Zeigefinger auf einem bestimmten Objekt macht aus einer geteilten Aufmerksamkeit eine geteilte Bedeutung durch eine Benennung (Tomasello 2011). Auch hier spielt die subjektive Bedeutsamkeit wieder eine Rolle. Dies wird relative Willkürlichkeit der Begriffsbildung genannt. Es ist hilfreich, von zwei Komponenten eines Begriffs auszugehen:
- einer sachlichen Bedeutung, d. h. einer logischen Struktur oder einem Prototyp, z. B.: Bälle sind kugelförmig, verschieden groß, können rollen etc ...
- einer konnotativen, d. h. emotionalen Bedeutung, z. B.: Fußbälle sind verbunden mit grölenden Männergruppen in der Bahn und einem Gefühl von Einschüchterung, Basketbälle sind verbunden mit erfolgreichen Teilnahmen an Turnieren in der Jugendzeit, ...

Begriffe, Wissen und Wissensstrukturen
Begriffe sind Bausteine für Wissen. Aus ihnen werden sogenannte Wissensstrukturen gebildet, indem in aktiven, kognitiven Strukturierungsprozessen neues Wissen mit dem Vorwissen verbunden und in diesem verankert wird. Als Gegenmodell kann der bereits genannte »Nürnberger Trichter« gesehen werden. In diesem Bild wird das Wissen von außen in die Person geradezu eingetrichtert. Die aktive Rolle des Subjekts entfällt gänzlich.

Die innere, geistige Darstellung von Wissen (Edelmann, 2002) wird unterschieden in aussagenartige, analoge und handlungsmäßige Repräsentationen. Edelmanns Herleitung dieser inneren Darstellungen könnte aus der Erlebnispädagogik stammen:

> Wie können die Begriffe »Berg« und »Tal« gelernt werden? Zunächst kann man einen Berg besteigen und das Wissen handlungsmäßig (und stark emotional getönt) abspeichern. Dann könnte man Bilder von Bergen und Tälern betrachten, wobei ein eher schematisches anschauliches Denken detaillierten Vorstellungsbildern (z. B. konkreter Berg Matterhorn) überlegen sein dürfte. Hierbei handelt es sich um eine analoge Repräsentation. Und zuletzt kann man den (abstrakten) Begriff »Berg« sprachlich, aber inhaltlich, durch seine relationale logische Struktur (Berg ist das Gegenteil von Tal) erfassen. Dann hätten wir es mit einer aussagenartigen Repräsentation zu tun. […] Es bestehen beträchtliche Unterschiede im Wissen zwischen einem Studenten, der ein Seminar über Unterrichtsformen oder Motivation besucht, und einem, der im Zusammenhang mit diesen Fragen zusätzlich handelnd mit Schülern umgeht. Es muss allerdings deutlich gesagt werden, dass weitgehend unklar ist, worin die Besonderheit dieser dritten Art der Wissensrepräsentation besteht. Man kann spekulieren, dass durch eine gleichzeitige oder sukzessive Mehrfachkodierung ein Gegenstand präziser und vollständiger erfasst und auch besser behalten wird. Möglicherweise handelt es sich hier um eine inputreiche Gestaltung der Lernsituation, bei der mehrere Sinne und auch Emotionen angesprochen werden.
>
> Edelmann 2002, S. 153

In diesem Sinne kann Erlebnispädagogik Lernen auf zwei Ebenen bedeuten: Einerseits werden durch gemeinsame Erlebnisse geteiltes Wissen und Bedeutungen geschaffen. Andererseits bietet sie auch das Potenzial, Bedeutungen bewusst werden zu lassen. Dadurch werden sie kommunizier- und verhandelbar.

Literatur

Adorno, Th. W. (zuerst 1966/2010): Erziehung nach Auschwitz. In: Ahlheim, K./Heyl, M.: Adorno revisited: Erziehung nach Auschwitz und Erziehung zur Mündigkeit (Beiträge zur kritischen Bildungswissenschaft). Offizin Hannover

Asendorpf, J.B. (1996): Psychologie der Persönlichkeit: Grundlagen. Berlin, Heidelberg, New York: Springer

Baig-Schneider, Rainald (2012): Die moderne Erlebnispädagogik: Geschichte, Merkmale und Methodik eines pädagogischen Gegenkonzepts. Augsburg: ZIEL

Bernhard, A./Rothermel, L. (Hg./2001): Handbuch Kritische Pädagogik: Eine Einführung in die Erziehungs- und Bildungswissenschaft. 2. Aufl. Stuttgart: UTB

Berthold, Michael/Schepp, Heinz-Hermann (Hg./2001): Die Schule in Staat und Gesellschaft – Dokumente zur deutschen Schulgeschichte im 19. und 20. Jahrhundert. Stuttgart: UTB

Boeger, A./Schut, T. (Hg./2005): Erlebnispädagogik in der Schule: Methoden und Wirkung. Berlin: Logos

Brach, T. (2003): Radical Acceptance. London: Rider

Csíkszentmihályi, M. (2015): Flow. Das Geheimnis des Glücks. 18. Aufl., Stuttgart: Klett-Cotta

Edelmann, W. (2000): Lernpsychologie. 5. Aufl., Weinheim: Beltz

Fend, H. (1974): Gesellschaftliche Bedingungen schulischer Sozialisation. Weinheim/Basel: Beltz

Filip, H.-S. (1984): Selbstkonzept-Forschung: Probleme, Befunde, Perspektiven. 2. Aufl., Stuttgart: Klett-Cotta

Fischer, T. (1999): Das Erlebnis in der Schule. Frankfurt/M.: Europäischer Verlag der Wissenschaften

Freud, S. (1989/1917): Vorlesungen zur Einführung in die Psychoanalyse. Frankfurt/M.: Fischer

Gill, Bernhard (2012): Schule in der Wissensgesellschaft. Wiesbaden: VS

Gudjons, H./Traub, S. (2016): Pädagogisches Grundwissen. 12. Aufl., Stuttgart: UTB

Heckmair, B./Michl, W. (2012): Erleben und Lernen. Einstieg in die Erlebnispädagogik. München: Reinhardt

Heckmair, B./Michl, W. (2012): Bewegung und Erlebnis als Nährboden des Lernens. DIE. Zeitschrift für Erwachsenenbildung, 1, S. 37–40. http://www.die-bonn.de/id/9140

Herrmann, U. (Hg./2006): Neurodidaktik. Weinheim/Basel: Beltz

Holzkamp, K. (1993): Lernen. Subjektwissenschaftliche Grundlegung. Frankfurt/M.: Campus

Holzkamp, K./Diesterweg-Hochschule (Hg./1985), Gestaltpädagogik – Fortschritt oder Sackgasse, Berlin: GEW Berlin, S. 31–38. Reprint in: AG Gewerkschaftliche Schulung und Lehrerfortbildung (Hg./1987), Wi(e)der die Anpassung. Texte der Kritischen Psychologie zu Schule und Erziehung, Verlag-Schulze-Soltau, S. 13–19

Korthagen, F. A. J./Kessels, J. P. A. M. (1999): Linking Theory and Practice: Changing the Pedagogy of Teacher Education. In: American Educational Research Association. Vol. 28. No. 4, S. 4–17

Langenohl, A. (2008): Die Schule als Organisation. In: Willems, H. (Hg./2008): Lehr(er)buch Soziologie: Für die pädagogischen und soziologischen Studiengänge. Band 2. Wiesbaden: VS

Mead, G.H. (1968): Geist, Identität und Gesellschaft. Frankfurt/M.: Suhrkamp

Michael, B./Schepp, H.-H. (1993): Die Schule in Staat und Gesellschaft – Dokumente zur deutschen Schulgeschichte im 19. und 20. Jahrhundert. Gelliehausen: Hansen-Schmidt

Michl, W. (2009): Erlebnispädagogik. München/Basel: Reinhardt

Mietzel, G. (1998): Pädagogische Psychologie des Lehrens und Lernens. 5. Aufl., Göttingen, Bern, Toronto, Seattle: Hogrefe

Petzold, H. (2004): Vorüberlegungen und Konzepte einer integrativen Persönlichkeitstheorie, 2. erw. Aufl., Paderborn: Junfermann

Reich, K. (1996): Systemisch-konstruktivistische Pädagogik. Neuwied: Luchterhand

Reiners, A. (2007). Praktische Erlebnispädagogik 2. 2. Aufl., Augsburg: ZIEL

Rosenberg, M. B. (2013): Gewaltfreie Kommunikation – Eine Sprache des Lebens, Paderborn: Junfermann

Schott, Thorsten (2003): Kritik der Erlebnispädagogik. Würzburg: Ergon

Tomasello, M. (2011): Die Ursprünge der menschlichen Kommunikation. Berlin: Suhrkamp

Walgenbach, K. (2017): Doing Difference – Zur Herstellung sozialer Differenzen in Lehrer-Schüler-Interaktionen. In: Schweer, M. K. W. (Hg./2017): Lehrer-Schüler-Interaktion. Wiesbaden: Springer

Internetquellen

http://3.bp.blogspot.com/YhwkAT3hIPk/U2ULqe-bsNI/AAAAAAAAAYk/Hfda_auad7Q/s1600/Mead.jpg; Aufruf: 15.11.2017

http://diversity.bildungsteam.de/diversity; Aufruf: 13.06.2017

http://pioneerthinking.com/do-the-best-you-can-maya-angelou; Aufruf: 22.6.2017

http://wirtrainieren.de/werkzeugkoffer/teamphasen-nach-tuckman-teamuhr/; Aufruf: 22.6.2017

http://www4.psychologie.uni-freiburg.de/einrichtungen/Paedagogische/lehre/entwickl/vlep4_5.ht; Aufruf: 15.11.2017

http://www.agateno.com/wp-content/uploads/2014/03/JohariFenster-1024x623.png; Aufruf: 15.11.2017

http://www.anti-bias-werkstatt.de; Aufruf: 15.11.2017

http://www.bamf.de/SharedDocs/Anlagen/DE/Publikationen/EMN/Studien/wp64-emn-bestimmung-fachkrafteengpaesse- und-bedarfe.pdf?_blob=publicationFile; Aufruf: 22.6.2017

http://www.bildungsbericht.de/de/bildungsberichte-seit-2006/bildungsbericht-2016/pdf-bildungsbericht-2016/bildungsbericht-2016; Aufruf: 22.6.2017

http://www.bundesregierung.de/Content/Infomaterial/BPA/IB/Schulbuchstudie_Migration_und_Integration_09_03_2015.pdf?__blob=publicationFile&v=3; Aufruf: 22.6.2017

http://www.grundschulpaedagogik.uni-bremen.de/lehre/2001ws/gspaed/literatur/Lehrerrolle%204.pdf

http://www.ideenfindung.de/Brainwriting-Pool-Kreativit%C3%A4tstechnik-Brainstorming-Ideenfindung.html/; Aufruf: 15.11.2017

http://www.praxisglobaleslernen.at/uploads/tx_pglbooks/Heft 2_BAUSTEIN_9-Identitaetsblume.pdf; Aufruf: 13.06.2017

http://www.rsboxberg.de/bilder/projekt-adventure/index.html; Aufruf: 15.11.2017

http://www.schlossbergschule-kappelrodeck.de/site/index.php/schulleben/project-adventure?showall=&start=2; Aufruf: 15.11.2017

http://www.spielereader.org; Aufruf 15.11.2017

https://phzh.ch/MAPortrait_Data/53613/6/Beitrag%20J%c3%a4ger.pdf; Aufruf: 22.6.2017

https://phzh.ch/MAPortrait_Data/53613/8/A%20Schlussbericht%20Alltagskultur_Erster%20Schultag_CB_MJ_ohne%20Kap. 6.pdf; Aufruf: 22.6.2017

https://www.afd.de/programm/langversion; Aufruf: 4.7.2017

https://www.bka.de/DE/AktuelleInformationen/StatistikenLagebilder/PolizeilicheKriminalstatistik/pks_node.html; Aufruf: 4.7.2017

https://www.salto-youth.net/downloads/4-17-938/coaching_guide_www.pdf; Aufruf: 15.11.2017

https://www.unesco.de/fileadmin/medien/Dokumente/Bibliothek/BlickwinkelMaaz_FINAL.pdf; Aufruf: 22.6.2017

https://www.verfassungsschutz.de/de/oeffentlichkeitsarbeit/publikationen/verfassungsschutzberichte; Aufruf: 4.7.2017